Heinz Kuhn

Phantastische Motivtorten

DER MODERNEN KONDITOREI

Heinz Kuhn

Phantastische Motivtorten

DER MODERNEN KONDITOREI

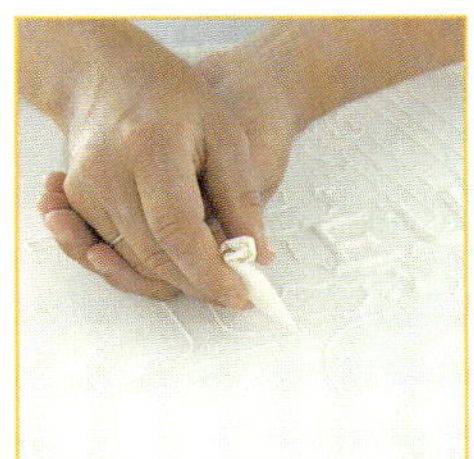

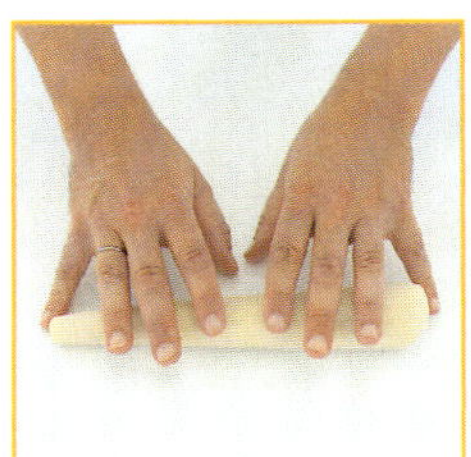

MATTHAES VERLAG GMBH

Grußwort

Konditormeister Heinz Kuhn hat das hier vorliegende Werk aus der Überlegung heraus geschaffen, dass eine künstlerisch gestaltete Festtagstorte Höhepunkt und Krönung einer Feier, eines Festes, eines besonderen Anlasses, einer festlichen Tafel oder eines ansprechenden Büfetts ist. Der außergewöhnliche Ideenreichtum des Autors scheint grenzenlos, und so ist die eindrucksvolle Motivsammlung in diesem Werk als Anregung und als Hilfsmittel, als Anschauungsunterricht und zum mühelosen Nachvollziehen zusammengestellt worden. Dabei beruht die Verwirklichung aller hier gezeigten Ideen auf genauem handwerklichem Können und auf jahrelanger beruflicher Erfahrung. Heinz Kuhn greift hier reizvolle Gelegenheiten und Themen auf, die ein geübter Fachmann mühelos bis in die letzte Einzelheit nachvollziehen kann.

Auszubildenden im Konditorenhandwerk bietet dieses Werk durch die zahlreichen Schritt-für-Schritt-Abbildungen der unterschiedlichen Arbeitstechniken und der fertigen Dekorationselemente einen unerlässlichen Anschauungsunterricht. Aber auch künstlerisch weniger Erfahrene können mit den im Buch gezeigten Kreationen ihr Auge schulen und aus dieser bezaubernden Vielfalt an Ideen wertvolle Anregungen für die angemessene Gestaltung eigener Festtorten ausdenken. Dazu gelangen ausschließlich solche Materialien zum Einsatz, die der Konditor selbst herstellen oder weiterverarbeiten kann und bei denen er schließlich wissentlich gerne auf industriell vorgefertigte Elemente verzichtet.

Heinz Kuhn lehrt uns, dass seine Motivtorten in erster Linie den Bedürfnissen und den Wünschen des Kunden anzupassen sind, denn es geht ja schließlich darum, den festlichen Höhepunkt, die Krönung eines bestimmten Anlasses ganz besonders hervorzuheben, um den Gästen wie den Gastgebern Freude und Genuss zu bieten. Jede dieser Torten muss deshalb durch ihre individuelle Gestaltung beim Gefeierten oder Beschenkten unweigerlich das Gefühl wecken, dass sie eigens für ihn bestellt und produziert wurde. Schließlich ist dieses Buch auch deshalb eine kostbare Fundgrube, weil es ausführlich auf all die Verarbeitungsmöglichkeiten von verschiedenen Grundzubereitungen hinweist, die sich letztlich zu zahllosen Dekorationsmöglichkeiten für vielfältige Zwecke aufarbeiten lassen.

Es freut mich deshalb sehr, dass der Autor Heinz Kuhn auf Grund steter Nachfrage sowohl von Kollegen als auch von talentierten Hobbykonditoren dieses nützliche, die Phantasie und den guten Geschmack anregende Werk geschaffen hat.

Dem Matthaes Verlag spreche ich meine hohe Anerkennung aus, dass er den kreativen Wert dieser Arbeiten erkannt und die Herausgabe dieses Werks übernommen hat. Ich danke ihm und dem Autor für ihr lobenswertes Engagement und wünsche diesem außergewöhnlichen Buch den ihm gebührenden großen Erfolg.

René Kramer

René Kramer

Vorwort

Dieses Buch habe ich für alle geschrieben, die mehr wollen, als nur einen Kuchen backen. Mein Ziel ist es, bei Ihnen die süße Phantasie zu wecken, Sie zu inspirieren und zu motivieren. Mit erlernbaren handwerklichen Techniken aus diesem Werk sollte es Ihnen gelingen, selbst Ihre eigenen kleinen „Kunstwerke“ zu schaffen, in denen sich Ihre schöpferischen Fähigkeiten widerspiegeln. Als Konditormeister und Patissier ist es im beruflichen Alltag stets mein Bestreben, die Wünsche meiner Kunden individuell umzusetzen und sie schließlich mit einem kreativen Resultat zu überraschen. Mit dieser Zielsetzung bekommt jeder Kunde seine ganz persönliche Torte, passend zum Anlass und nach seinen Vorstellungen gefertigt. Meine daraus gewonnenen Erfahrungen sollen Ihnen als Fundgrube und Nachschlagewerk dienen und nachvollziehbare Wege aufzeigen, die klassische Stärke der Konditorei für die Gestaltung von Torten zu nutzen. Natürlich hat sich im Laufe der Jahre eine beachtliche Anzahl neuer Motive für Hochzeits- und Thementorten angesammelt, aus denen für dieses Buch ein repräsentativer Querschnitt mit unterschiedlichen Schwierigkeitsgraden ausgewählt wurde.

Ich möchte Ihnen Schritt für Schritt aufzeigen, wie Sie mit ganz alltäglichen Materialien und leicht zu beschaffenden Zutaten wie Marzipan, Schokolade und Zucker außergewöhnliche Kreationen herstellen können. Bewusst habe ich dabei auf alle High-Tech-Möglichkeiten der Konditorei verzichtet und mich nur auf Ausstecher und Formen beschränkt, um Ihnen die Arbeit zu erleichtern. So werden Ihre persönlichen handwerklichen Fähigkeiten im Vordergrund stehen.

Es würde mir viel bedeuten, wenn es mit diesem Buch gelingen würde, die Leidenschaft für diesen Beruf bei unserem Nachwuchs, den Kollegen sowie bei ambitionierten Hobbykonditoren zu wecken, damit sie schließlich selbst Spaß daran haben, neue Wege in der Gestaltung kunstvoller Themen- und Hochzeitstorten einzuschlagen.

Mein Dank gilt all jenen, die mir geholfen haben, dieses Buch zu realisieren. Besonders erwähnen möchte ich hier meinen Freund und Mentor René Kramer, ohne dessen Hartnäckigkeit dieses Werk nie zustande gekommen wäre. Mein Dank gilt dem Matthaes Verlag, dessen Buchherstellung und Lektorat mit Hans-Jürgen Fug-Möller und Bruni Fetscher sowie dem Fotografen Bernhard J. Lattner und seiner Mitarbeiterin Ute Safrich. Für die tatkräftige Unterstützung bedanke ich mich bei Reiner Lindt und Ingrid Allinger.

Ganz besonders danke ich meiner Familie für das Verständnis und die geduldige Unterstützung, meiner Frau Ute, die während des letzten Jahres fast gänzlich ohne meine Hilfe auskommen musste, und meinen Töchtern Annika und Michaela, die sich in der anstrengenden Produktionsphase nur selten über fehlende Zuwendung beklagten und mich immer wieder zu Tortenideen für dieses Buch inspiriert haben.

Bei Bedarf von Materialien und Hilfsmitteln sende ich Ihnen gerne meinen Prospekt „Kreatives Backen“. Für Anregungen oder Fragen wenden Sie sich bitte an

Kreatives Backen
Heinz Kuhn
Postfach 12 32
D-67100 Schifferstadt
Telefon (0 62 35) 76 21
Telefax (0 62 35) 45 74 53
E-Mail: Kuhn-Schifferstadt@t-online.de
Homepage: www.kuhn-konditormeister.de

Ihr

Heinz Kuhn

Torten und

Hochzeitstorten

Thementorten

Inhalts-Verzeichnis

Schaustücke

Schaustücke

Grundlagen und Arbeitstechniken

Einleitung

Dieses Buch wurde geschrieben, um das vielfältige Angebot der Konditorei mit einer Sammlung origineller Motiv- und Schautorten zu bereichern.
Es wird hier nicht der Versuch unternommen, die in jedem Betrieb vielfach vorhandenen Rezeptesammlungen zu erweitern, sondern der Schwerpunkt dieses Werkes liegt eindeutig darin, neue Impulse für eine phantasievolle, kreative Tortengestaltung zu geben. Denn Formgebung und Aufmachung werden neben Qualität immer mehr zum entscheidenden Wettbewerbsfaktor. Handwerkliche Maßarbeit und funktionale Lösungen müssen dabei mehr denn je in eine ästhetische Gesamtlösung münden, um kundenorientierte Bedürfnisse zu befriedigen.

INHALT DES BUCHES

Auf Grund des großen Interesses für Hochzeitstorten wurde dieses Thema umfangreich dargestellt. So finden Sie ab Seite 10 verschiedene Modelle unterschiedlichster Hochzeitstorten: klassisch schlicht, modern, allgemein einsetzbar oder individuell für ein Brautpaar, einfach in der Herstellung oder aufwändig, 3-stöckige Aufsatztorten oder 5 verschiedene Torten auf einem drehbaren Ständer. In diesem Fundus werden auch Ihre Kunden die geeignete Torte für den „schönsten Tag in ihrem Leben" entdecken.
Weiterhin sind Thementorten zu allen wichtigen persönlichen Ereignissen, zu Anlässen des Konditorjahres sowie für Firmenjubiläen und Ähnliches enthalten. Vielfach können die Torten durch geringfügige Änderungen auch für andere als im Buch angegebene Anlässe passend gemacht werden.
Die Meisterschaft jeden Konditors liegt in der Herstellung exklusiver Schaustücke für Büfetts oder große Festivitäten. Eine kleine Auswahl dieser süßen Kunstwerke finden Sie ab Seite 198.
Basisrezepte, Informationen zum Thema Torten eindecken, Marzipan, Blumendekor, Tortenrandgarnitur, Werkzeuge und Arbeitshilfen, Kopiervorlagen sowie Checklisten für die Tortenbestellung vervollständigen dieses Werk.

Bei der Herstellung von Torten darf trotz aller Begeisterung für diese kleinen Kunstwerke der wirtschaftliche Aspekt nicht vergessen werden. Daher ist es sinnvoll, teilweise mit Ausstechern und Formen zu arbeiten sowie manchmal den Grundsatz „weniger ist mehr" zu berücksichtigen.

Oftmals geht heute der Trend zu kleinen Tortengrößen, was durchaus berechtigt ist, jedoch nicht bei Thementorten, die auf Wunsch angefertigt werden. Meist ist in diesem Fall der Kreis der geladenen Gäste entsprechend groß, und der Aufwand für eine kleine, individuell gestaltete Torte ist proportional enorm: Der Preis wäre im Verhältnis zur Größe der Torte zu hoch. Deshalb ist es hier sinnvoll, mit 26er- oder 28er-Tortengrößen zu arbeiten.

Häufig wurde im Buch auf genaue Mengenangaben verzichtet, insbesondere bei Materialien, die sowieso in größeren Mengen in der Backstube vorhanden sind. Nutzen Sie dies als Chance, eigene Vorstellungen zu verwirklichen.

SCHWIERIGKEITSGRADE DER TORTEN:

★

sehr einfach, geringer Zeitaufwand, für Einsteiger geeignet

★★

einfach, etwas höherer Zeitaufwand

★★★

mittlere Anforderung

★★★★

hoher Arbeitsaufwand und hohe Anforderungen

★★★★★

aufwändig und zeitaufwändig

★★★★★★

fachlich höchste Anforderungen und sehr hoher Zeitaufwand

KUNDENBERATUNG UND BESTELLUNG

Ein wichtiger Bestandteil bei der Herstellung und Vermarktung von Motivtorten ist die Beratung der Kunden, das Erarbeiten von Lösungsvorschlägen und das Annehmen von Bestellungen. Vielfach gemachte Erfahrungen haben gelehrt, dass es sinnvoll ist, diese Arbeiten nicht einer Verkaufskraft zu überlassen, sondern sie selbst zu übernehmen, um sicherzustellen, dass der Auftraggeber letztendlich die Torte bekommt, die er sich wünscht, und auch mit dem Kostenrahmen zufrieden ist. Viele Kunden wollen auf ihrer Torte sehr viel dargestellt haben. Wird einiges davon symbolisiert oder kombiniert, ist die Torte nicht maßlos überladen und der Preis erschwinglich. Hier ist es wichtig, kreative Vorschläge zu machen und Lösungen anzubieten.

Allgemein darf nicht versucht werden, einem Interessenten etwas auszureden, sondern seine Vorstellungen sollten in realisierbare Bahnen gelenkt werden. Will der Kunde dann trotzdem genau seine Ideen umgesetzt haben, muss er über die eventuell entstehenden Mehrkosten aufgeklärt werden.

Beispiele:

Eine Kundin möchte für sich und ihren Mann eine Torte bestellen, auf der ihre Berufe Krankenschwester und Spediteur mit einem modellierten Lkw und der Krankenhausfront dargestellt sind. Nach einem Beratungsgespräch wird vereinbart, dass auf der Torte ein Krankenbett aus Gelatinezucker, mit breiten Lkw-Reifen aus Marzipan bestückt, stehen soll. Für die persönliche Note werden Schilder mit den Namen des Paars angebracht.

Ein Paar möchte zur Verlobung auf der Torte die Dolomiten und eine Berghütte abgebildet haben, da dies das Ziel Ihrer Verlobungsreise ist. Um die Kosten für die Torte zu senken, sind die beiden über den Vorschlag, einige Felsenzuckerberge, 2 Rucksäcke und einige Wegweiser aus Spezialmasse darzustellen, sehr glücklich.

Viele Kunden sind für Vorschläge und Anregungen dankbar. Oftmals ist ein Fotoalbum mit Hochzeits- und Thementorten, die man schon einmal angefertigt hat, sehr nützlich. Mit diesem Album sind Kunden, die keine genaue Vorstellung haben, in der Lage, eine Torte auszuwählen, andere können von der Qualität der Arbeit überzeugt werden. Oftmals sind diese Fotos hilfreich, um Details auf einen Blick und ohne lange Erklärungen zu erläutern.

Bitte beachten:

Werden für die Herstellung der Torten flüssige oder pastöse Lebensmittelfarben oder Pulverfarben verwendet, muss dies entsprechend deklariert werden.

Blütenzauber

Die mit zahllosen
kleinen Margeriten
geschmückte
Hochzeitstorte trägt als
individuelle Note
einen Zuckeraufsatz mit
den Initialen des
Brautpaars.

Joghurtmoussetorte
Einzeln gebackene Mandelböden, mit lockerer Joghurtmousse gefüllt.

Das Powder Icing mit Pastenfarben Holly-Green, Spruce-Green und Eigelb in unterschiedlichen Grüntönen einfärben. Die Umrisse der Vorlage auf dünner Dauerbackfolie nachspritzen. Fettpapier eignet sich weniger, da es leicht wellig wird.

Zutaten/Material

3 Torten in den Größen 28/22/16 cm
(Grundrezepte Seiten 234 bis 237)
etwa 3 m Stoffband
Powder Icing
Blumenmasse, weiß
Einschlagmasse
Pastenfarben (Holly-Green,
Spruce-Green, Eigelb)
Marzipan

Spezielle Arbeitsgeräte

Margeritenausstecher „Daisy“
Kopiervorlage Gras (Seite 272)
Smoother
Pralinenformen Halbkugel
für Margeriten
Dauerbackfolie
Modellierholz Nr. 5, Nr. 8
Hochzeitstortenständer

Herstellungsaufwand

★ ★ ★

Schritt für Schritt

Einzelteile des Aufsatzes mit Powder Icing auslassen, trocknen lassen, dann zusammensetzen.

Weiße Blumenmasse etwa 1 mm dick ausrollen und mit der Margeritenform Blüten ausstechen. Besonders schön sieht es aus, wenn man die einzelnen Blütenblätter mit dem Modellierholz Nr. 5 einkerbt. 2 Blüten zu 1 zusammensetzen, um eine möglichst naturgetreue Blütenform zu erhalten.

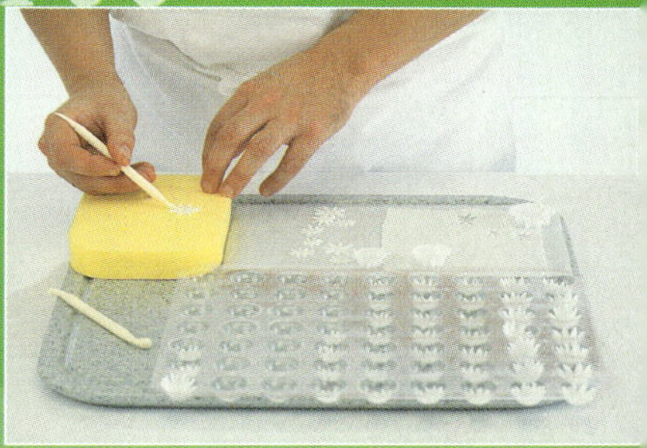

Einkerben der Blütenblätter mit dem Modellierholz Nr. 8 auf dem Blumenpad und Einlegen der Blüten in Halbkugelformen.

HERSTELLUNG ZUCKERAUFSATZ

Vorzeichnung für den Zuckeraufsatz nach der Vorlage auf Seite 272 erstellen. Dazu die Initialen des Brautpaars etwas ineinander verschlingen und mit Gräsern abstützen.
Das Powder Icing anrühren und in kleine Töpfchen aufteilen. Dann mit Pastenfarben Holly-Green, Spruce-Green sowie Eigelb in unterschiedlichen Grüntönen einfärben, Umrisse der Vorlage auf dünne Dauerbackfolie nachspritzen und auslassen. Die Run-Outs mindestens 3 Tage trocknen, dann zusammensetzen. Um den Trocknungsprozess zu beschleunigen, können die Run-Outs unter eine normale Lampe gelegt werden.

HERSTELLUNG MARGERITEN

Weiße Blumenmasse etwa 1 mm dick ausrollen und mit der Margeritenform Blüten ausstechen. Besonders schön sieht es aus, wenn man die einzelnen Blütenblätter mit dem Modellierholz Nr. 8 einkerbt. 2 Blüten zu 1 zusammensetzen und in Pralinenformen trocknen lassen. Mit gelb gefärbtem Powder Icing die Blütenstempel aufspritzen. Ein besonders reizvoller Effekt kann mit gelb gefärbtem, durch ein Sieb gedrücktem Marzipan erzielt werden.

FERTIGSTELLUNG HOCHZEITSTORTE

Torten mit zart gelb gefärbter Einschlagmasse eindecken, mit dem Smoother glätten und auf einen Hochzeitstortenständer stellen. Mit dem Stoffband die Torten umlegen und dekorative Schleifen binden. Die Torten reichlich mit den unterschiedlich großen Margeriten schmücken. Dafür unter jede Blüte einen Klecks weißes Powder Icing spritzen und auf der Torte unregelmäßig anordnen. Zuletzt den Dekoraufsatz mit etwas Powder Icing auf der obersten Torte befestigen.

Traumhochzeit

Diese klassische Hochzeitstorte, üppig mit
Rosen und Bändern dekoriert, ist ein
unvergesslicher romantischer Traum.

Herstellungsaufwand

★ ★ ★

Zutaten/Material

3 Torten in den
Größen 35/28/16 cm,
Höhe je 8 cm
(Grundrezepte Seiten 234 bis 237)
etwa 1,5 kg Marzipan
Blütenmasse, weiß
Creme
(Grundrezept Seite 236)
Powder Icing

Spezielle Arbeitsgeräte

Rosenpresse oder Rosenblattausstecher
Kleiner Modellierstab mit Schneiderad
Spritztütchen
Tortenständer (Ø 45 cm)
Ausrollwalze
Messer
Smoother

Schritt für Schritt

Gelb gefärbten Marzipan durch ein Sieb drücken, abschneiden und mit Kelchblättern umlegen. Für die äußeren Blätter großer Rosen einen größeren Ausstecher benutzen.

Die schrittweise Fertigung verschiedener Rosensorten.

Perlrand aus Creme, kleine Punkte aus Powder Icing aufspritzen, Torte mit Bändern und Rosen schmücken.

HERSTELLUNG

3 Torten nach Wunsch mit den Größen 35/28/16 cm vorbereiten und einsetzen. Modelliermarzipan in einem zarten Apricotton einfärben und für das Eindecken der Torten sowie der Tortenplatte 2 mm dick ausrollen. Tortenplatte und Torten einschlagen, mit dem Smoother glätten und aufeinandersetzen. Die Ränder der Torten mit einem Perlrand aus Creme schmücken, auf die Oberflächen Punkte aus Powder Icing spritzen, jeweils 3 Punkte als Dreieck angeordnet. Blütenmasse 1 mm dick ausrollen und verschieden lange sowie verschieden breite Bänder schneiden. Bänder naturgetreu an den Rändern einschlagen oder in sich verwickeln, dann die Torte damit üppig schmücken. Etwa 25 Rosen aus Blumenmasse herstellen, die Torte damit fertig stellen.

Die Herstellung einer Wildrose in einem Bild.

Weg ins Glück

Dieses Brautpaar hat
sich eine sehr persönliche
Hochzeitstorte gewünscht.
Als Motiv wurden Stationen des
gemeinsamen Weges gewählt:
vom Kennenlernen bis zur
Hochzeitsreise nach Hawaii.

Hawaii
Alles Gute
zur Vermählung

Zutaten/Material

3 Torten in den Größen 28/22/16 cm
(Grundrezepte Seiten 234 bis 237)
etwa 750 g Einschlagmasse
etwa 1,5 kg Gelatinezucker
Blumenmasse für Rosen und Blätter
etwa 200 g Marzipan
Spezialmasse für Schilder
Lebensmittelfarbstoff (Eigelb, Braun,
Grün, Schwarz und Orange)

Spezielle Arbeitsgeräte

Vorlage für das Tor
(Seite 271)
Acrylröhren Ø 6 cm
Messer
Randausstecher
Airbrush
Kleiner Herzausstecher
Modellierhölzer Nr. 7, Nr. 8
Steinstrukturmatte Set 1
dünne Einpackfolie
Smoother

Herstellungsaufwand
★★★★

Schritt für Schritt

Gelatinezucker herstellen (Rezept Seite 238), daraus Palmstämme mit der Hand ausrollen und mit dem Modellierholz Nr. 7 eine entsprechende Struktur geben. Gelatinezucker 1 mm dick ausrollen, eine Grundplatte für die Palmen sowie die Palmblätter ausschneiden. Tipp: Dünn ausgerollten Gelatinezucker für die Blätter mit Folie abdecken, sonst wird er schnell trocken und brüchig.

Schminken der Palmstämme mit dem Airbrush, zuerst leicht gelb dann braun.
Blätter ebenfalls gelb, dann grün, ein paar auch braun sprühen.
Trocknen lassen.

Fixieren der Palmstämme auf der Grundplatte mit in der Mikrowelle erwärmtem Gelatinezucker.

Bis zum Trocknen des Gelatinezuckers die Stämme mit Flaschen oder ähnlichem abstützen.

Aus Modelliermarzipan eine leicht hügelige Landschaft um die Stämme gestalten und mit den Modellierhölzern Nr. 7 und Nr. 8 glätten. Mit dem Airbrush leicht braun ansprühen.

Mit erwärmtem Gelatinezucker die einzelnen Blätter ansetzen, zuerst ein paar braune, die am Stamm und an der Spitze befestigt werden. Etwas antrocknen lassen, dann die nächsten Blätter ansetzen.

HERSTELLUNG PALMEN

Gelatinezucker herstellen (Rezept Seite 238), daraus Palmstämme mit der Hand ausrollen und mit dem Modellierholz Nr. 7 eine entsprechende Struktur geben. Gelatinezucker 1 mm dick ausrollen, eine Grundplatte für die Palmen sowie die Palmblätter ausschneiden. Stämme und Blätter trocknen lassen, dann mit dem Airbrush schminken. Palmstämme auf die Grundplatte aufsetzen, mit erwärmtem Gelatinezucker fixieren, abstützen und trocknen lassen. Aus Modelliermarzipan eine leicht hügelige Landschaft um die Stämme gestalten und mit den Modellierhölzern Nr. 7 und Nr. 8 glätten. Blätter mit erwärmtem Gelatinezucker an den Palmstämmen anbringen. Zucker nach jedem Blatt anziehen lassen.

STILISIERTES BRAUTPAAR

Grundplatte und stilisierten Aufsatz (Vorlage Seite 270) aus Gelatinezucker ausschneiden. Herzchen ausstechen, die Teile des Aufsatzes über eine Röhre legen, gut trocknen lassen, dann mit dem Airbrush schminken, mit Powder Icing zusammensetzen und auf der Grundplatte fixieren.

HERSTELLUNG HANDBALLTOR

Das Tornetz mit Powder Icing auf dünne Einpackfolie spritzen (Vorlage Seite 271), trocknen lassen. Aus Gelatinezucker 4 mm dicke Torbalken schneiden, schwarze Streifen aufmalen und zu einem Tor zusammensetzen.

HERSTELLUNG HINDERNIS

Eine dünne Stange aus Gelatinezucker herstellen und trocknen lassen, dann rote Streifen aufmalen. Modelliermarzipan rund ausrollen, zu einem Quader drücken, schminken, mit der Steinstrukturmatte Set 1 Muster prägen. Die Stange in die Marzipanquader drücken. Aus Spezialmasse Reitgerte und Reitkappe formen, ebenso ein paar Schilder.

HERSTELLUNG ROSEN

Aus weißer Blumenmasse 12 Rosen fertigen (Seite 246).

Die fast fertige Insel.

HERSTELLUNG BRAUTPAAR

Das Brautpaar aus 1/1-Marzipan formen, mit weißer und schwarzer Einschlagmasse bekleiden. Brautkleid mit Powder Icing verzieren.

FERTIGSTELLUNG

3 Torten nach Wunsch einsetzen, mit Marzipan abdecken, dann mit eingefärbter Einschlagmasse eindecken und mit dem Smoother glätten. Aus weißer ausgerollter Einschlagmasse mit einem Randausstecher Tortenranddekor herstellen und Torte garnieren. Torten auf den Tortenständer setzen und mit den vorbereiteten Schmuckteilen fertig stellen. Blätter mit erwärmtem Gelatinezucker an den Palmstämmen anbringen. Zucker nach jedem Blatt anziehen lassen.

Filigrane
Versuchung

Die dritte Dimension: fruchtig,

luftig, leicht und sehr edel.

Zutaten/Material

1 quadratische, konisch zulaufende Torte
Kantenlänge unten: 30 cm,
Kantenlänge oben: 23 cm
Höhe: 6,5 cm
etwa 500 g Einschlagmasse
Powder Icing
(Seite 241)
Frische Früchte
Kleine Kuvertüreplatte (Ø 8 cm)
Lebensmittelfarbstoff (Orange)
weiße Dekormasse
dünne Einpackfolie oder Dauerbackfolie

Spezielle Arbeitsgeräte

Kopiervorlage für Zuckerpyramide
(Seite 267)
Spritztütchen
Schere
Smoother

Herstellungsaufwand

★★★★

Schritt für Schritt

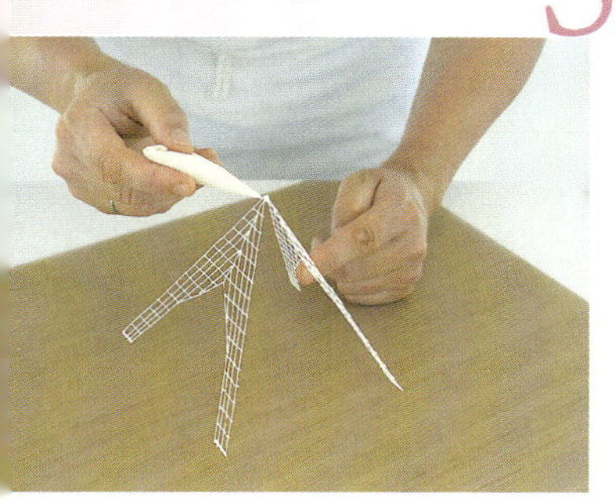

Spritzvorlage (Seite 267) für die Zuckerpyramide und die Randdekoration kopieren, mit dünner Folie abdecken, mit Powder Icing (Seite 241) nachspritzen und mindestens 1 Tag trocknen lassen. Tipp: Von einer dünnen Einpackfolie löst sich der Zucker am besten.

Filigran vorsichtig von der Folie lösen und auf Backfolie ablegen.

Pyramide vorsichtig zusammensetzen. Dafür einen kleinen Punkt Powder Icing auf der Spitze der Pyramide anbringen, dann die ersten beiden Teile zusammensetzen. Etwas auseinander ziehen, dann die beiden fehlenden Teile anlegen. Wichtig: Setzen Sie die Pyramide auf einer stabilen Unterlage zusammen, damit sie transportabel ist.

HERSTELLUNG

Spritzvorlage (Seite 267) für die Zuckerpyramide und die Randdekoration kopieren, mit dünner Folie abdecken, mit Powder Icing (Seite 241) nachspritzen und trocknen lassen. Für die Pyramide werden 4 Seitenteile benötigt, für die Randdekoration je 16 Teile. Da diese filigranen Spritzarbeiten leicht brechen, sollten jeweils mehr Teile als benötigt vorbereitet werden. Seitenteile der Pyramide von der Folie lösen und zusammensetzen, dabei vorsichtig mit einem Finger stabilisieren.

Die Torte einsetzen, mit Einschlagmasse eindecken und mit dem Smoother glätten. Aus weißer und apricotfarbener Einschlagmasse ein Band für den Rand ausrollen und drehen. Ansetzen der Kordel mit etwas Alkohol.

Ornament auf der Kante der Torte mit weißer Dekormasse spritzen und mit gefärbtem Powder Icing auslassen.

Randdekoration mit Powder Icing befestigen, die Seitenschleifen ansetzen. Die einzelnen Teile müssen festgehalten werden, bis das Powder Icing angezogen hat. Daher ist es wichtig, hier das Powder Icing etwas zäher herzustellen.

Frische Früchte auf einer runden Kuvertüreplatte (ø 8 cm) arrangieren, in die Mitte der Torte legen, dann die Pyramide aufsetzen.

Eine fröhliche Hochzeitstorte

für den Blumenfreund,

leicht herzustellen

und doch sehr dekorativ.

Sommerwind

Zutaten/Material

3 Torten in den Größen 28/22/16 cm
(Grundrezepte Seiten 234 bis 237)
Gelatinezucker
etwa 500 g Modelliermarzipan
etwa 700 g Einschlagmasse
Airbrushfarben (Eigelb, Braun und Grün)
etwas Kuvertüre

Spezielle Arbeitsgeräte

Vorlage stilisiertes Brautpaar
(Seite 270)
Silikonformen Sonnenblumen
Silikonform Blatt
Smoother
Acrylröhren Ø 6 cm
Randgarniturausstecher
Marzipanschneidedraht
Spritztütchen
Airbrush

Herstellungsaufwand

★★

Mandelbiskuit mit Marzipanfüllung.

HERSTELLUNG STILISIERTES BRAUTPAAR

Aus dünn ausgerolltem Gelatinezucker die Einzelteile des stilisierten Brautpaares ausschneiden und über eine Kunststoffröhre legen, eine kleine Grundplatte ausschneiden sowie ein schmales, spitz zulaufendes Band ausschneiden und über die Röhre legen. Trocknen lassen. Mit in der Mikrowelle erwärmtem Gelatinezucker die Einzelteile zusammensetzen.

HERSTELLUNG BLUMENDEKOR

Mit Modelliermarzipan die Silikonform Sonnenblumen ausdrücken und mit dem Marzipanschneidedraht abschneiden. Benötigt werden etwa 25 kleine Blumen, 3 große und 2 mittlere Sonnenblumen. Aus grüner ausgerollter Blumenmasse die Blätter ausschneiden, mit dem Silikonblattformer strukturieren und etwas grün nachsprühen.

FERTIGSTELLUNG

3 nach Wunsch eingesetzte Torten mit weißer Einschlagmasse eindecken, mit dem Smoother glätten, mit dem Randgarniturausstecher und gelber Einschlagmasse den Rand absetzen. Ein Schild ausschneiden und mit weißer Dekormasse beschriften.
Mit weißer temperierter Dekormasse und einem Spritztütchen eine Randgarnierung um die 3 Torten aufspritzen. Bei den eingeteilten Torten auf jedem 2. Stück 1 Blatt und 1 kleine Sonnenblume mit etwas Kuvertüre befestigen. Auf die oberste Torte das stilisierte Brautpaar mit dem Schild aufsetzen und mit Sonnenblumen garnieren. Die Blätter gefällig verteilen.

Schritt für Schritt

Grundplatte und stilisierten Aufsatz (Vorlage Seite 270) aus Gelatinezucker ausschneiden. Herzchen ausstechen, die Teile des Aufsatzes über eine Röhre legen, gut trocknen lassen, dann mit dem Airbrush schminken, mit Powder Icing zusammensetzen, auf der Grundplatte fixieren und trocknen lassen.

Mit Modelliermarzipan die Silikonform Sonnenblumen ausdrücken und mit dem Marzipanschneidedraht abschneiden. Benötigt werden etwa 25 kleine Blumen, 3 große und 2 mittlere. Marzipan für die Randgarnierung vorbereiten.

Mit Hilfe der Airbrushtechnik Sonnenblumen und Blätter naturgetreu ansprühen.

Süßer Heiratsantrag

Ein Antrag der süßen Art,

originelle Idee zum Start des

gemeinsamen Lebenswegs.

Schritt für Schritt

Zierdecke, 45 cm lang und 35 cm breit, mit dem Randgarniturausstecher schmücken und mit dem Ausstecher Lochmuster 7-fach um das eingedrückte Herz und am Rand entlang ausstechen. In der Mitte mit einem Rosenstrukturstempel schmücken, leicht mit Light-Goldpuder kolorieren.

Bettgestell nach Vorlage (siehe Seite261) mit temperierter, mit Alkohol leicht abgestockter Zartbitterkuvertüre auf Folie spritzen. Nach dem Anziehen lösen, wenden und Rückseite spritzen.

Kolorieren des fertigen Kuvertüregestells mit Light-Goldpuder und weichem Pinsel.

Herstellungsaufwand

★ ★

Zutaten/Material

1 rechteckige Torte
(48 x 33 cm, 6 cm hoch)
(Grundrezepte Seiten 234 bis 237)
Zartbitterkuvertüre
Alkohol
500 g Einschlagmasse
200 g Modelliermarzipan
Light-Goldpuder
dünne Einpack- oder Dauerbackfolie

Spezielle Arbeitsgeräte

Randgarniturausstecher
Vorlage für das Bett (Seite 261)
Ausstecher Lochmuster 7-fach
weicher Pinsel
Silikonform Blatt
1 Herzausstecher Serienring Ø 14 cm
Rosenstrukturstempel
Smoother

HERSTELLUNG BETTGESTELL

Zartbitterkuvertüre temperieren, mit Alkohol leicht abstocken und die Vorlage (siehe Seite 261) auf dünner Einpack- oder dünner Dauerbackfolie nachspritzen. Nach dem Auskühlen abziehen, umdrehen und die Rückseite spritzen. Mit Light-Goldpuder und einem weichen Pinsel die Kuvertüre fein abstreichen.

TIPP

Auf einer stabilen und transportablen Unterlage spritzen.

HERSTELLUNG DEKOR

Eingefärbten Modelliermarzipan ausrollen und 7 Rosen fertigen (Seite 246).
Einschlagmasse für die Tagesdecke ausrollen, in der Größe 45 cm lang und 35 cm breit zurechtschneiden, in der Mitte mit einem Herzausstecher Ø 14 cm markieren und mit dem Lochmusterausstecher schmücken. Die Ränder mit dem Randgarniturausstecher beschneiden und ebenfalls mit dem Lochmusterausstecher 7-fach schmücken.

FERTIGSTELLUNG

Je nach Wunsch die Torte einsetzen, mit dünn ausgerollter Einschlagmasse eindecken und mit dem Smoother glätten. Mit Hilfe der Randgarniturausstecher und weißer ausgerollter Einschlagmasse den Rand schmücken. Die beiden Kopfkissen entweder aus Modelliermarzipan formen oder aus einer zusammengesetzten Biskuitkapsel ausschneiden, mit Einschlagmasse eindecken und auf die Torte legen. Die Tagesdecke auflegen und die beiden Bettgestelle mit etwas Zartbitterkuvertüre befestigen. Das höhere Bettgestell an die Kopfseite. Nun die Marzipanrosen und die Blätter ansetzen, auf das Kopfkissen 2 ineinander verschlungene Ringe aus Blumenmasse mit Light-Goldpuder kolorieren.

Achtung:
Die Torte auf einer stabilen Unterlage zusammensetzen.

Ewige Treue

Verspielte Torte für

das verliebte Paar.

Eine klassische

Variante der

Aufsatztorte.

Zutaten/Material

3 Torten in den Größen 36/28/21cm
etwa 500 g Marzipan
Powder Icing
Marzipan für Rosen und Randgarnierung
Creme (Grundrezept Seite 236)
Pastenfarbe (Rosé, Grün)

Spezielle Arbeitsgeräte

Vorlage Filigran (Seite 260)
Mittenausstecher
Kleiner Herzausstecher
Marzipankneifer
Silikonform Blatt
Einpack- oder dünne Dauerbackfolie
Tortenständer, 3-stöckig
Schere
Spritztütchen oder Lochtülle 00

Herstellungsaufwand

★ ★ ★

Schritt

Zugegeben, diese Art, eine Hochzeitstorte zu gestalten, ist etwas aufwändiger, als nur Fertigfiligran aufzulegen.
Aber was für ein Ergebnis erwartet uns dafür! Mit etwas Übung die ideale Azubiarbeit.

Spritzen der einzelnen Segmente der Krone mit Powder Icing. Nach dem Trocknen die Rückseite spritzen und trocknen lassen. Dann mit Powder Icing zusammensetzen. Ebenfalls zu sehen: die bereits getrockneten Filigranbögen.

Die verschiedenen Rosenarten: hinten eine Variante mit dicker Knospe und wenigen Blättern, in der Mitte eine Rosenart mit stärker nach außen gebogenen Blättern, vorn eine Rose mit vielen Blättern und einer kleinen Knospe.

HERSTELLUNG

Die Filigranvorlagen (Seite 260) zurechtlegen. Einpackfolie oder dünne Dauerbackfolie schneiden, am besten für jedes Stück ein extra Blättchen. Nach dem Trocknen läßt es sich dadurch leichter handhaben. Spritztütchen drehen und Powder Icing nach Rezept vorbereiten. Zuerst das Gitter spritzen, dann mit etwas stärkerem Faden die Bögen spritzen (oder Lochtülle 00). Mindestens 1 Tag trocknen lassen, dann vorsichtig von der Folie entfernen und umdrehen. Auf der Rückseite die Bögen nachspritzen und trocknen lassen. Rundbögen nach dem Spritzen über einer Rolle trocknen, damit sie rund werden. Die Kronenteile mit Powder Icing zusammensetzen.
Gebraucht werden 8 Rundbögen, 32 Seitenteile und 5 Kronenteile.

FERTIGSTELLUNG

Die Torten nach Kundenwunsch einsetzen und mit zart rosé eingefärbter Creme (Rezept Seite 236) einstreichen.
Marzipan einfärben und 2 mm stark ausrollen. 2 cm breite Streifen schneiden und mit dem Marzipankneifer bearbeiten, dann um die Torte legen. 32 kleine Herzen ausstechen und 13 Rosen fertigen (siehe Seite 246).
Die Torten auf den Ständer setzen. Mit Buttercreme auf jedes 2. Stück am Rand 3 Punkte spritzen, und die kleinen Herzen auflegen. Auf die Torte mit einer kleinen Lochtülle eine Strichgarnierung spritzen.
Die unteren Rosen und Blätter anbringen und mit dem Filigran schmücken. Dazu das Filigran leicht in die Buttercreme drücken. Bei der obersten Torte mit der Krone beginnen, dann die Rosen und die Seitenteile ansetzen.

Tipp: Das Filigran nicht über Nacht an der Torte lassen, sonst wird es feucht und fällt ab.

für Schritt

In einem Bild dargestellt: mit Airbrush geschminkte Rosen, aus durchgefärbtem Marzipan gefertigte Rosen und mit Puderfarben kolorierte Rosen.

Diese Hochzeitstorte mit
Sonnenblumen, Efeuspalier
und herzförmiger
Laube erfreut sowohl
Romantiker wie auch
Gartenfreunde.

Herzenssache

Schritt für Schritt

Das Zusammensetzen des Herzens aus Spezialmassestreifen.
Das fertig ausgestochene Herz mit einem Streifen aus Spezialmasse umlegen.

Herstellung der Gartentore: Gitter legen, rund ausstechen, am Rand mit einem Streifen umlegen. Halbieren und an der Schnittkante ebenfalls verstärken. Das Anbringen von Efeu aus Blumenmasse an der aus Streifen gebauten Pergola. Diese steht in einem mit Kuvertüre gefüllten Pflanzgefäß aus Spezialmasse.

Die einzelnen Arbeitsschritte für eine Sonnenblume aus Pastillage, vom Ausstechen mit den Metallformen bis zum Fertigstellen mit Powder Icing, Krokant und Mohn.

Zutaten/Material

3 Torten in den Größen 28/22/16 cm
etwa 700 g Einschlagmasse
Pastenfarbe (Eigelb)
Airbrushfarben (Braun, Gelb und Grün)
Pastillage (Seite 240)
Spezialmasse (Seite 239)
Blumenmasse
Light-Goldpuder
Vollmilchkuvertüre
Powder Icing
etwas Mohn und Krokant

Spezielle Arbeitsgeräte

Ausstecher Efeu
Metallausstecher Sonnenblumen
Kunststoffrollwalze
Airbrush
Pizzarad
Modellierholz
Smoother
Silikonblattformer

Herstellungsaufwand

★★★

HERSTELLUNG LAUBE UND GARTENTÜREN

Spezialmasse (siehe Seite 239) ausrollen, mit dem Modellierholz eine leichte Holzstruktur geben, dann 4 mm dicke Streifen schneiden und über Kreuz legen. Mit etwas Kuvertüre zusammensetzen. Herz ausschneiden und mit einem Streifen umlegen. Kleines Herz in der Mitte ausstechen und trocknen lassen. Aus Vollmilchkuvertüre eine Grundplatte ausstreichen.
Die Gartenbank aus Spezialmasse aufbauen. Die Füße sind Spezialmassestangen, zur Kordel gedreht. Trocknen lassen und auf die Grundplatte aufsetzen. Für die Gartentore die Streifen zum Kreis flechten, rund ausstechen und am Rand mit einem Streifen Spezialmasse stabilisieren. Den Kreis vierteln, die Schnittstellen wieder festigen. Trocknen lassen und mit zwei Pfosten an der Torte anbringen. Mit Pastenfarbe Blumenmasse grün einfärben, 1,5 mm dick ausrollen und mit dem Efeuausstecher Blätter herstellen. In Form legen, mit dem Airbrush absprühen und trocknen lassen. Die Teile aus Spezialmasse mit dem Airbrush in einem braunen Farbton leicht nachschminken.

HERSTELLUNG RANKGERÜSTE

Streifen aus Spezialmasse in 4 Zentimeter Abstand legen und mit kleinen Stücken immer über Kreuz verbinden. Mit 2 langen Stücken aufdoppeln, das Ganze mit Kuvertüre zusammensetzen. Aus ausgerollter Spezialmasse einen Pflanzkasten zusammensetzen, mit Vollmilchkuvertüre füllen. Das fertige Rankgerüst in die noch flüssige Kuvertüre stellen und erkalten lassen. Aus Blumenmasse kleine Kugeln formen, in Light-Goldpuder wälzen und auf die Rankgerüste mit etwas Kuvertüre befestigen. Efeu an den Gerüsten hoch ranken lassen.

HERSTELLUNG SONNENBLUMEN

Pastillage 0,5 bis 1 mm dünn auf einer ebenen Grundfläche, am besten auf einer Kunststoffplatte, ausrollen und Sonnenblumen ausstechen. Für 1 Sonnenblume je 3 Blattkränze ausstechen, Blätter hoch stellen, 2 Blattkränze gelb, einen Blattkranz grün schminken und als Sonnenblume zusammensetzen. In die Mitte mit braunem Powder Icing einen Kranz spritzen, am Rand mit Mohn bestreuen, in der Mitte mit Krokant. Blätter aus Pastillage ausschneiden, mit dem Silikonblattformer strukturieren und etwas grün ansprühen. Benötigt werden 6 Sonnenblumen und etwa 5 Blätter.

FERTIGSTELLUNG

3 Torten nach Wunsch vorbereiten. Einschlagmasse mit Pastenfarbe Eigelb marmorieren (siehe Seite 242), dann die Torten eindecken. Mit dem Smoother glätten. Spezialmasse in Streifen schneiden, mit Kuvertüre bestreichen, Torten damit umlegen. Aus Blumenmasse die beiden Ringe formen mit Light-Goldpuder kolorieren.

Zur

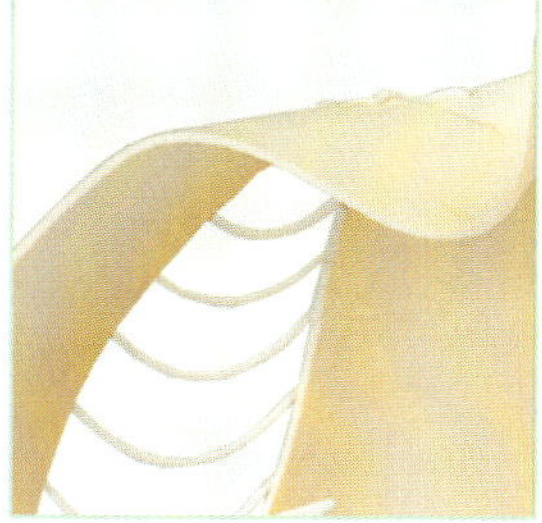

Symphonie in Weiß

Musik liegt in der Luft!

Zauberhafte Liebeserklärung mit Flügel und einer stilisierten Konzertmuschel als Hochzeitstorte.

Zutaten/Material

Eine 3-eckige Torte
(Seitenlängen 38 cm/42 cm)
(Grundrezepte Seiten 234 bis 237)
etwa 1 kg Gelatinezucker
Blumenmasse
etwa 500 g Einschlagmasse
Farbpaste (Orange, Grün)
Powder Icing
Spritzschokolade

Spezielle Arbeitsgeräte

Vorlage Piano (Seite 269)
Randgarniturausstecher
Silikonblattformer
kleiner Herzausstecher
Marzipankneifer
evtl. Rosenpresse oder Rosenblattausstecher
Smoother
Modellierholz Nr. 7
Acrylröhre Ø 6 cm

Herstellungsaufwand

★★★★

Schritt für

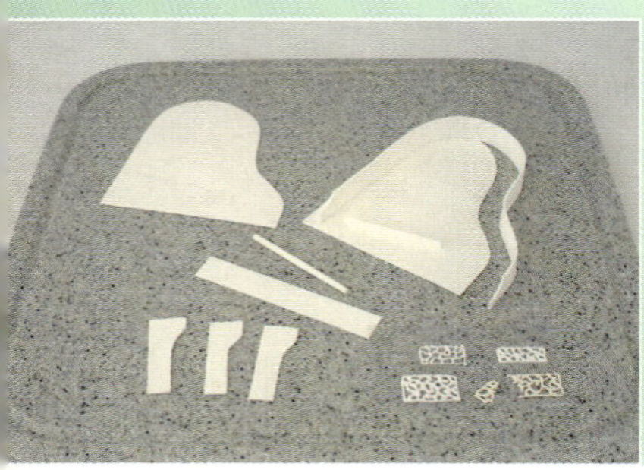

Die nach der Vorlage (siehe Seite 269) ausgeschnittenen Einzelteile des Flügels sowie der aus Powder Icing gespritzte Notenhalter.
Die Flügelrundung am besten mit kleinen Farbflaschen abstützen.

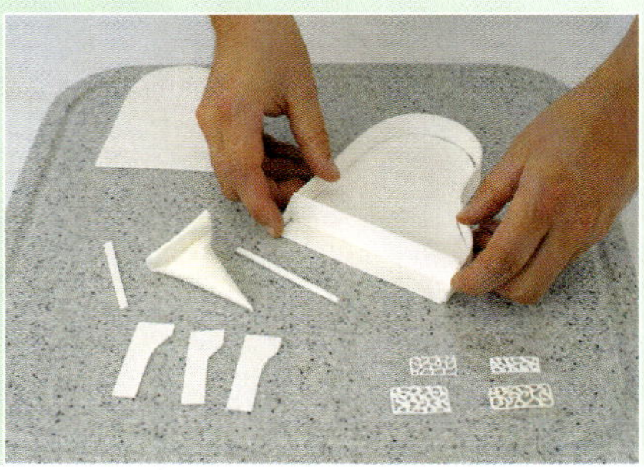

Aufsetzen der Umrandung des Flügels.

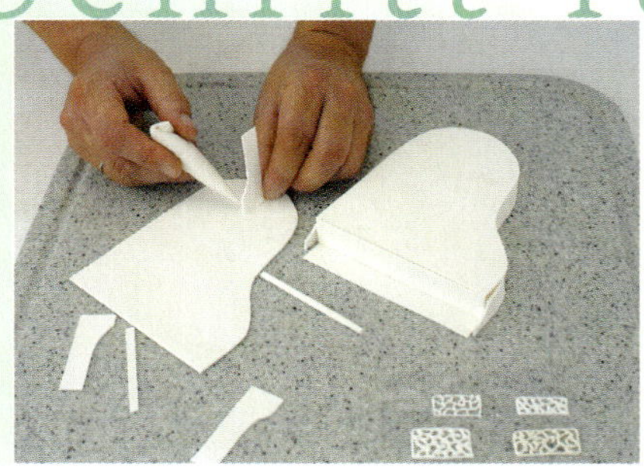

Klavierkörper umdrehen und Beine ansetzen.

HERSTELLUNG

Gelatinezucker herstellen (Rezept siehe Seite 238), auf 1 mm ausrollen. Die Einzelteile des Flügels nach Schablone ausschneiden und trocknen lassen. Die frei ausgeschnittene Rückwand in eine flache Schüssel oder einen Kessel legen und auch trocknen lassen. Die kleine Spirale über eine Acrylröhre legen. Aus einer gedrehten Gelatinezuckerkordel und einer kleinen Platte, mit Marzipan belegt, den Klavierhocker herstellen. Aus Blumenmasse 5 Rosen fertigen (Seite 246), mit grüner Blumenmasse die Blätter ausschneiden und mit dem Silikonblattformer strukturieren.
Den Flügel nach dem Trocknen mit Powder Icing zusammensetzen, dünne Stäbchen aus Gelatinezucker quer in den Klavierkörper einlegen. Mit Powder Icing feine Klaviersaiten spritzen. Konzertmuschel leicht mit Orange an den Rändern absprühen, die ausgeschnittenen Fenster auf der Rückseite mit dünnen aufgespritzten Bögen aus Powder Icing schmücken.
Einschlagmasse ausrollen und mit dem Modellierholz Nr. 7 die Tasten formen. Auflegen, mit etwas Powder Icing befestigen und mit Spritzschokolade die schwarzen Tasten aufspritzen.

FERTIGSTELLUNG

Die Torte jeweils nach Wunsch einsetzen, entweder als Dreieck mit den Maßen 38 cm/42 cm oder in anderer Form. Mit eingefärbter Einschlagmasse eindecken und mit dem Smoother glätten.
Weiße Einschlagmasse auf 2 mm ausrollen und mit dem Randgarniturausstecher die Streifen vorbereiten und ansetzen. Unteren Tortenrand leicht mit Alkohol anfeuchten. Einschlagmasse als ganz dünnen Strang ausrollen, um die Torte legen und mit dem Marzipankneifer strukturieren.

Schritt

Zusammensetzen des Flügels mit Powder Icing. Mit einer dünnen Gelatinezuckerstange abstützen.

Einlegen der Rückwand in eine flache Schüssel zum Trocknen.

Rosenpracht

Eine prachtvoll romantische

Hochzeitstorte für Rosenliebhaber

und eine Augenweide für die

Hochzeitsgesellschaft.

1-l-Eisbombenform mit temperierter weißer Dekormasse 1- bis 2-mal ausgießen und anziehen lassen. Ehe die Masse durchgehärtet ist, Rand säubern. Die gegossene und gelöste Kuppel vorsichtig aus der Eisbombenform ausdrehen.

Die Kuppel auf die eingedeckte Torte aufsetzen. Mit etwas Dekormasse befestigen.

Zutaten/Material

5 Torten in den Größen 39/35/28/22/18 cm (Grundrezepte Seiten 234 bis 237)
etwa 1,5 kg Einschlagmasse
etwa 1 kg Modelliermarzipan
Einschlagmasse, weiß
Blumenmasse (Blätter)
Pastenfarbe (Grün, Gelb, Orange und Rosé)
etwa 1 kg weiße Dekormasse
Airbrushfarbe (Orange)
etwas Kuvertüre

Spezielle Arbeitsgeräte

Rosenpresse oder Rosenblattausstecher
Randgarniturausstecher
Mittenausstecher
Blütenausstecher
Smoother
Petits-Fours-Ausstecher
Silikonform Blatt
1-l-Eisbombenform
Tortenständer, 5-stöckig
Airbrush

Herstellungsaufwand

★★★★

Schritt

Die Rosen mit weißer Dekormasse, am unteren Rand beginnend, auf die Kuppel aufsetzen. Kuvertüre etwas anziehen lassen, damit die Rosen nicht rutschen, dann nächste Rose anbringen.

Nach dem Fertigstellen der Rosenkuppel zwischen die Rosen ein paar Blätter aus grüner Blumenmasse, auf dem Silikonblattformer strukturiert, ansetzen.

HERSTELLUNG DEKOR

Modelliermarzipan in zartem Rosé- oder Apricotton einfärben und etwa 160 Rosen in verschiedenen Größen fertigen. Die apricotfarbenen Rosen leicht mit dem Airbrush nachschminken.

TIPP

Marzipan ausrollen (2 mm), mit Petits-Fours-Ausstecher rund ausstechen und mit der Rosenpresse die Blätter formen. Aus grün eingefärbter Blumenmasse Blätter ausschneiden und mit dem Silikonblattformer strukturieren.

HERSTELLUNG KUPPEL

Die 1-l-Eisbombenform mit temperierter weißer Dekormasse nicht zu dünn ausgießen, auskühlen lassen und aus der Form entfernen.

FERTIGSTELLUNG

Die 5 Torten nach Kundenwunsch einsetzen. Zart gelb eingefärbte Einschlagmasse etwa 1,5 mm dick ausrollen, Torten eindecken und mit dem Smoother glätten. Die mittleren Löcher für den Tortenständer ausstechen. Apricot oder rosé eingefärbten Modelliermarzipan 2 mm dick ausrollen, mit dem Randgarniturausstecher ausstechen und garnieren, bei den 4 unteren Torten mit einem großen Blütenausstecher 1 kleine Deckplatte für die Mitte ausstechen, die mit dem Mittenausstecher ein Loch für den Tortenständer erhält. Mit temperierter weißer Dekormasse eine Randgarnierung spritzen und die Schleifen teilweise auslassen. Die Torten zusammensetzen und mit den Rosen garnieren. Mit den verschiedenen Größen der Rosen Girlanden legen, die größeren in die Mitte, die kleineren an den Rand. Die Halbkugel aufsetzen, mit ein wenig Kuvertüre befestigen und von unten nach oben mit Kuvertüre die Rosen ansetzen. Die Torte von unten her mit den roséfarbenen Rosen schmücken, in der Mitte mischen, nach oben zu Apricot übergehen. Die Blätter mit dem Airbrush nachschminken. Diese bei den Rosen mit etwas Kuvertüre anbringen.

Hochzeitstour

Die ideale Torte für begeisterte
Motorradfreaks, die ihr Hobby auch
in den Flitterwochen
nicht missen wollen.

Zum Nordkap
Alles Gute

Zutaten/Material

1 rechteckige Torte
(Seitenmaße: 46/33/6 cm)
1 6-eckige, konisch zulaufende Torte
Kantenlänge unten: 11 cm, Kantenlänge oben: 9 cm
etwa 750 g Einschlagmasse
Modelliermarzipan
1/1-Marzipan
etwas Spezialmasse
Gelatinezucker
Spritzschokolade
Kuvertüre
weiße Dekormasse
Powder Icing
Silberpuder
Lebensmittelfarbstoff (Schwarz, Rot und Orange)

Spezielle Arbeitsgeräte

Blumenausstecher, 6-blättrig, Ø 5 cm
Herzausstecher, groß und klein
Silikonform Blatt
Marzipankneifer
Airbrush
Smoother
Randgarniturausstecher
Modellierholz Nr. 7

Herstellungsaufwand

★★★

Schritt für Schritt

Das beschriebene Podest, die Einzelteile des Motors, Felgen und Reifen sowie der Blumenausstecher für den Rand.

Der Aufbau des Motorrads: Auf dem Podest den Motor befestigen, die Reifen mit dem Motorblock verbinden (Kuvertüre), Ansetzen der Schutzbleche.
Anschließend Tank, Sattel und Lenker anbringen.

HERSTELLUNG MOTORRAD

Aus Gelatinezucker eine Grundplatte in den Maßen 14 cm lang, 4 cm breit, 2,5 cm hoch herstellen. Aus Powder Icing eine kleine Stütze fertigen, darauf ein kleines Podest befestigen. Die Zylinder aus einem Strang 1/1-Marzipan modellieren, leicht rechteckig drücken und mit dem Modellierholz Nr. 7 die Kühlrippen eindrücken, zusammensetzen, antrocknen lassen und mit Silberpulver bestreuen. Tipp: Wenn der Silberpuder nicht hält, den Motorblock mit Kakaobutter absprühen. Den Motorblock aus 1/1-Marzipan formen und auf das kleine Podest aufsetzen. Die Felgen aus Gelatinezucker ausstechen, Ø 4 cm, trocknen, mit dem Airbrush in der gewünschten Farbe schminken. 2 Marzipanstränge (1/1) formen, zum Ring legen und schwarz schminken für die Reifen. Gabel, Auspuff und Lenker aus Gelatinezucker formen. Tank und Sattel sowie die Satteltaschen und die Schutzbleche aus Modelliermarzipan formen. Den Tank und die Schutzbleche mit dem Pinsel und schwarzer Lebensmittelfarbe kolorieren. Auf den Tank aus Modelliermarzipan, mit Silberpuder koloriert, die Armaturen aufsetzen. Fransen und Lederriemen aus Spezialmasse ausschneiden.

FERTIGSTELLUNG

Torte nach Kundenwunsch einsetzen, mit Marzipan abdecken, mit weißer Einschlagmasse eindecken und mit dem Smoother glätten. Modelliermarzipan mit Lebensmittelfarbstoff Orange einfärben, 2 mm dick ausrollen, mit dem Randgarniturausstecher den Rand schmücken. Dünnen Strang ausrollen, um die Torte legen und kneifen. Ausgestochene kleine Herzen am Rand ansetzen. Mit eingefärbtem Modelliermarzipan die kleine 6-eckige Torte eindecken, Schild und Herzen ausstechen. Mit dem Blumenausstecher weiße Einschlagmasse ausstechen, halbieren und ansetzen. Mit einem ausgerollten dünnen Strang aus Einschlagmasse die kleine Torte umlegen und mit dem Marzipankneifer fertigstellen. Blumenmasse 2 mm dick ausrollen, daraus 11 weiße Rosen fertigen (siehe Seite 246) und aufsetzen. Aus Spezialmasse eine Stange formen, 3 Schilder und 1 Grundplatte ausschneiden und nach dem Trocknen mit Kuvertüre zusammensetzen, mit Spritzschokolade beschriften. Weiße Dekormasse temperieren und auf beide Torten eine Randgarnierung spritzen sowie die Schilder beschriften.

Winterliche Romanze

Eine stimmungsvolle Schneeromanze:
Kennenlernen in der Enzianhütte,
gemeinsamer Hausbau und schließlich
Hochzeit von Schneefrau und
Schneemann. Ohne Zweifel eine
Hochzeitstorte für Winterfans.

Steffi's
Tanzstudio
Römerweg 47
Enzianhütte

Zutaten/Material

3 Torten in den Größen 28/22/16 cm
750 g Einschlagmasse
etwa 500 g Gelatinezucker
Modelliermarzipan
Powder Icing
Vollmilchkuvertüre
Lebensmittelfarben
(Gelb, Braun, Rot, Grün)
Spritzschokolade
Dekormasse
Blumenmasse

Spezielle Arbeitsgeräte

Vorlage Schneekristall (Seite 273)
Modellierhölzer
Ausstecher Christrose
Ausstecher Ilex
Impression Mats Steinstruktur
Blumenpad
Airbrush
Smoother
Rüschenausstecher
Rüschenmodellierholz Nr. 3
Modellierholz Nr. 5

Herstellungsaufwand

★ ★ ★ ★

Schritt für Schritt

Vorlage unterlegen, Konturen mit Powder Icing nachspritzen und dann auslassen. Kreis als Grundplatte mitmachen. Um das Trocknen zu beschleunigen, kann man den Kristall unter eine Lampe legen (keine Wärmelampe).

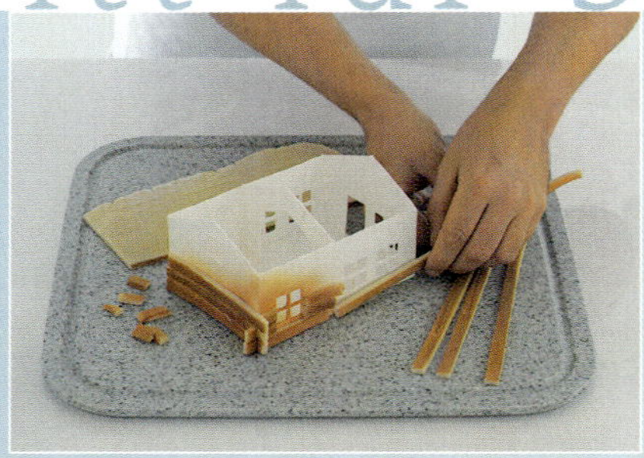

Modelliermarzipanstreifen mit Powder Icing auf dem Gelatinezuckerrohbau befestigen. Die Eckverbindung der Stämme mit 2 cm langen Stückchen Marzipan ansetzen.

Weiße Blumenmasse ausrollen, ausstechen mit den Christrosenausstechern und auf dem Blumenpad mit dem Modellierholz Nr. 3 Augenholz nachbearbeiten. Die Blattränder nachfahren, dabei etwas dünner machen und die einzelnen Blätter in der Mitte etwas zusammendrücken. Gelben Marzipan durch ein Sieb drücken und den Marzipan auflegen.

Modellieren des Brautpaars aus Modelliermarzipan und der Aufbau der Figur.

Umranden der eingeschlagenen Torte mit Rüschen. Ausgerollte Einschlagmasse mit dem Rüschenausstecher vorbereiten, mit dem Rüschenmodellierholz Rüschen ausarbeiten und mit etwas Powder Icing an der Torte anbringen.

HERSTELLUNG HÜTTE

Gelatinezucker 1 mm dick ausrollen, Wände, Dach und Boden der Hütte ausschneiden (Vorlage auf Seite 274), trocknen lassen und zusammensetzen. Modelliermarzipan leicht braun einfärben, 5 mm dick ausrollen, mit den Modellierhölzern eine Holzstruktur geben und 1 cm breite Streifen schneiden.
Die Streifen auseinander legen und mit dem Airbrush gelb und braun schminken. Mit Hilfe von Powder Icing die Streifen an den Wänden befestigen, auf den kurzen Seiten anfangen, die Längsseiten 2 cm überstehen lassen, kurze Stücke von 2 cm als Eckverbindung anbringen. Kurz nachschminken und das Dach mit Powder Icing aufsetzen. Die temperierte Vollmilchkuvertüre ausstreichen, Streifen schneiden und als Dachbretter auflegen. Den Schornstein aus Marzipan mit den Impression Mats Steinstruktur anfertigen und Steine aus Modelliermarzipan auf die Kuvertürebretter auflegen. Stange formen, 3 Schilder und 1 Grundplatte ausschneiden und nach dem Trocknen mit Kuvertüre zusammensetzen, mit Spritzschokolade beschriften. Weiße Dekormasse temperieren und auf beide Torten eine Randgarnierung spritzen sowie das Schild beschriften.

HERSTELLUNG BAUSTELLE

Aus Gelatinezucker nun 2 Wandteile für die Baustelle fertigen, 1 Fenster ausschneiden, Schilder, Leiter, Gerüst herstellen und zusammensetzen. Ein paar Details wie Schaufel oder Wanne modellieren.

HERSTELLUNG AUFSATZ

Den Schneekristall (Vorlage Seite 273) mit Powder Icing vorspritzen und auslassen, nach dem Trocknen Rückseite nachspritzen, kleinen Kreis als Grundplatte mitmachen.

HERSTELLUNG BRAUTPAAR

Das Schneemann-Brautpaar aus Modelliermarzipan mit 3 Kugeln formen und zusammensetzen, mit Schal, Karotte und Hut schmücken.

HERSTELLUNG CHRISTROSEN

Weiße Blumenmasse 1,5 mm dick ausrollen, mit der Christrosenform Blüten ausstechen und auf dem Blumenpad mit dem Modellierholz Nr. 5 die Ränder von außen nach innen nacharbeiten, zart gelb absprühen, den gelben Marzipan durch ein Sieb drücken, damit die Blütenstempel anbringen. Grüne Blumenmasse ausrollen, mit den Ilexausstechern die Blätter herstellen, leicht grün absprühen.

FERTIGSTELLUNG

3 Torten nach Wunsch einsetzen, mit Einschlagmasse eindecken, mit dem Smoother glätten. Einschlagmasse 2 mm dick ausrollen, mit dem Rüschenausstecher ausstechen und mit dem Rüschenmodellierholz nachbearbeiten. Die Rüschen mit etwas Powder Icing am Rand mit den Rüschen nach oben befestigen. Dünnen Strang ausrollen und mit etwas Alkohol um die Torten legen und andrücken.

Bärenglück

Kindlich verspielte Tauftorte

mit schnuckeligen Teddybären.

Herstellungsaufwand

★

Zutaten/Material

1 Torte Ø 28 cm
etwa 300 g Einschlagmasse
200 g Blumenmasse
Pastenfarbe (Baby Blue)
Lebensmittelfarbe
(Gelb, Braun und Grün)
Powder Icing
Modelliermarzipan

Spezielle Arbeitsgeräte

Silikonform Bärchen
Silikonform Blätterrand
Silikonform Rückwand/Wolken
Metallherzausstecher
Lochmusterausstecher, 7-fach
Schildausstecher, rund
Blütenausstecher, klein
Airbrush
Smoother
Tortenplatte Ø 30 cm
Marzipanschneidedraht
Schneiderad

Schokoboden, mit Canachecreme
und Preiselbeeren gefüllt.

HERSTELLUNG

Torte nach Kundenwunsch einsetzen, Einschlagmasse mit etwas Pastenfarbe Baby Blue einfärben, die Torte eindecken und mit dem Smoother glätten. Tortenplatte ø 30 cm mit blauer Einschlagmasse eindecken. Die Torte aufsetzen.

HERSTELLUNG DEKOR

Mit Modelliermarzipan und der Silikonform 10 Bärchen ausdrücken, den Marzipan mit dem Marzipanschneidedraht abschneiden, mit dem Airbrush leicht gelb und braun schminken. Mit der Wolkenform eine Rückwand aus blauem Marzipan ausdrücken. Weiße Blumenmasse ausrollen, mit dem Schildausstecher eine Mittelplatte ausstechen, diese mit dem Lochmusterausstecher 7-fach garnieren und auflegen. Kleine Herzen ausstechen und je 2 miteinander verbinden.

Mit der Blätterrandsilikonform und Blumenmasse den Rand garnieren. 2 Bärchen in die Mitte setzen und mit ein paar Callas schmücken (siehe Schritt für Schritt). Mit blau eingefärbtem Powder Icing den Schriftzug „Zur Taufe“ schreiben. Mit weißem Powder Icing kleine Tropfen an den Rand spritzen.

Schritt für Schritt

Aus Blumenmasse wird eine Calla gefertigt: Aus einem langen Dreieck eine offene Tüte rollen, in die Mitte durch ein Sieb gedrückte gelbe Blumenmasse als Blütenstempel einsetzen. Grüne Blumenmasse dünn ausrollen, mit dem Schneiderad lange Blätter schneiden und mit dem Silikonblattformer strukturieren.

Ausdrücken der Bärchen und Ausstechen der Herzen sowie das Garnieren mit dem Lochmusterausstecher 7-fach.

Zur Taufe
Sabrina

Die Tauftorte fürs Wunschkind –

eine Zierde für die festliche Kaffeetafel

Sabrina

Herstellungsaufwand

★★

Zutaten/Material

1 Torte Ø 28 cm
Einschlagmasse
Lebensmittelfarben
(Rosé, Braun, Blau, Gelb, Weiß)
Blumenmasse
Spritzschokolade
etwas Kuvertüre
Modelliermarzipan
1/1-Marzipan
Powder Icing

Spezielle Arbeitsgeräte

Randgarniturausstecher
Serienring Herz
Dekorherzausstecher
Silikonform Margerite
Silikonform kleine Sonnenblumen
Silikonform Schnuller und Rassel
Smoother
Silikonblattformer
Airbrush
Modellierholz Nr. 5

Schritt für Schritt

Weiße Einschlagmasse auswalzen. Rosé eingefärbte Einschlagmasse zu einer langen Karottenform ausrollen und auflegen. Beide Massen miteinander ausrollen, bis die gewünschte Größe erreicht ist. Dabei darauf achten, dass nicht zu viel Puderzucker verwendet wird, da sich die beiden Massen sonst nicht richtig verbinden.

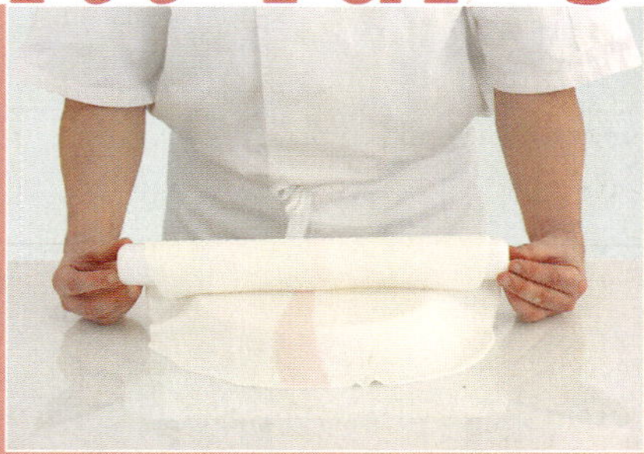

Die ausgerollte Masse mit der Ausrollwalze aufrollen und die vorbereitete Torte eindecken. Am Rand sauber andrücken und abschneiden, anschließend mit dem Smoother glätten. Mit den Randgarniturausstechern und der kolorierten Einschlagmasse den Tortenrand fertig stellen.

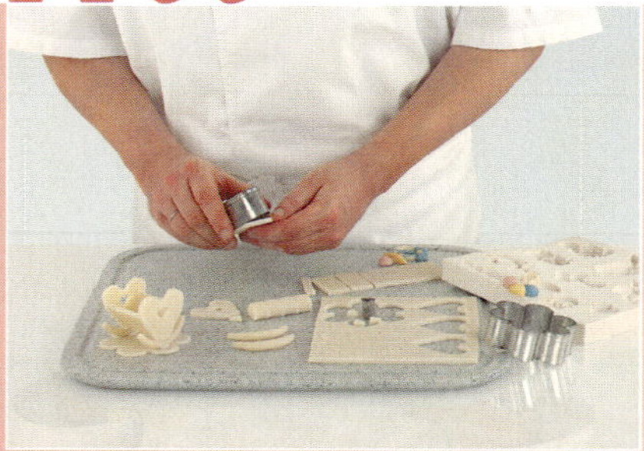

Für das Fuß- und Kopfteil der Wiege 2 Herzen aus 1/1-Marzipan ausstechen. In den Herzen je 1 kleines Herzchen ausstechen und rosé bzw. blau wieder einsetzen. 2 Seitenteile, Boden und Grundplatte ausschneiden oder ausstechen. Kufen ausrollen. Alles mit Kuvertüre zusammenbauen und mit Airbrush absprühen.

HERSTELLUNG DEKOR

Wiege aus 1/1-Marzipan herstellen: Marzipan 4 mm dick ausrollen, mit einem Herzausstecher 2 Herzen ausstechen. Aus diesen Herzen mit einem kleinen Dekorausstecher 2 kleine Herzchen ausstechen. Die Spitze unten etwas abschneiden, um einen besseren Stand zu bekommen. 2 Seitenteile, das Bodenbrett sowie eine Grundplatte ausschneiden. Aus 2 Kugeln 2 an den Enden sich verjüngende Kufen ausrollen und alles antrocknen lassen. Zusammenbau der Wiege: Das schmale Grundbrett und das erste Herz mit etwas Kuvertüre verbinden (abstützen). Die Seitenteile ebenso mit etwas Kuvertüre befestigen, abschließend das zweite Herz ansetzen. Nach dem Erkalten auf den Kopf stellen und die Kufen mit Kuvertüre befestigen. Auf der Grundplatte aufsetzen und mit dem Airbrush absprühen. Aus gefärbtem Marzipan eine Tropfenform modellieren und in die Wiege legen, aus ausgerollter Einschlagmasse eine Decke ausschneiden, Fransen einschneiden und über die Wiege legen.

HERSTELLUNG BÄRCHEN

Aus Modelliermarzipan eine Tropfenform modellieren und aufsetzen. Eine längliche Tropfenform modellieren, das dünne Ende als Füße etwas nach oben biegen. Krallen mit dem Modellierholz eindrücken. Beine am Körper ansetzen. Etwas kleinere längliche Tropfenformen als Arme ansetzen und andrücken. Den Kopf als kurze Tropfen formen, unterhalb der Spitze für den Mund einschneiden. 2 kleine Kugeln formen und mit dem Modellierholz Nr. 5 als Ohren andrücken, Augen eindrücken und kleine Kugel als Schwänzchen ansetzen. Mit buntem Marzipan die Silikonformen Schnuller und Rassel ausdrücken. 2 Blumen ausdrücken und mit dem Airbrush schminken. Für die Marzipanbälle 4 gleich große, verschiedenfarbige Marzipankugeln ausrollen und mit dem Messer vierteilen. Die Viertel der unterschiedlichen Farben wieder zusammensetzen und zur Kugel rollen.

Marzipanbiskuit mit Schokosplittern.

HERSTELLUNG TORTE

Etwa 150 g Einschlagmasse zart rosé färben, anschließend weiße Einschlagmasse ausrollen. Wenn die Masse etwa halb so groß ausgerollt ist wie benötigt, einen Strang roséfarbene Masse ausrollen und bis in die Mitte der weißen legen. Nun weiter ausrollen und beide Massen miteinander verbinden. Mit der ausgerollten Masse die Wunschtorte eindecken und mit dem Smoother glätten. Roséfarbene Einschlagmasse 2 mm dick ausrollen und mit dem Randgarniturausstecher den Tortenrand schmücken. 2 Schilder mit dem Randgarniturausstecher vorbereiten. Mit dem herzförmigen Petits-Fours-Ausstecher Herzen ausstechen und an jedem zweiten Stück ansetzen. Die Wiege aufsetzen, die Spitze des roséfarbenen Einschlags mit einer Schleife aus Einschlagmasse, die zur Kordel gedreht wurde, schmücken, auf den Rest des Einschlags mit Powder Icing Blümchen spritzen. Den Schnuller und die Rassel sowie die Blumen garnieren, ein paar Blätter ansetzen. Den kleinen Bären an die Wiege ansetzen, Bälle verteilen.

Diese elegante champagner-

farbene Torte mit einem

drolligen Bärchen

im Festtagskleid und

Heiliger Schrift ist

genau das Richtige

zur Erstkommunion.

Zur Erstkommunion

Zur 1.hl.
Kommunion

Zutaten/Material

1 Torte Ø 28 cm
Modelliermarzipan
Einschlagmasse
Blumenmasse
Powder Icing (weiß und goldfarben)
Lebensmittelfarbstoff
(Grün und Braun)
Eigelbpaste
Light-Goldpuder
1 Kerze mit Fuß

Spezielle Arbeitsgeräte

Randgarniturausstecher Set 1
Rosenblattausstecher oder Rosenpresse
Modellierhölzer
Kunststoffrollwalze
Ausstecher Lochmuster 7-fach
Silikonblattformer
Spritztütchen
Smoother

Herstellungsaufwand

★★

HERSTELLUNG TORTE

Einsetzen der gewünschten Torte. Zart gelb eingefärbte Einschlagmasse 1,5 bis 2 mm dick ausrollen (bei Tortendurchmesser 28 cm einen etwa 90 cm langen Streifen ausrollen). Den Rand der Torte eindecken. Den unteren Teil des Randes mit weißer ausgerollter Einschlagmasse und dem Randgarniturset schmücken.
Mit der Einschlagmasse einen etwa 4 cm größeren Kreis als der Durchmesser der Torte ausstechen, den Rand mit dem Randausstecher schmücken und dann mit dem Lochmuster 7-fach auf jedem zweiten Stück ein Ornament ausstechen.
Einschlagmasse auf die Torte legen, die Ornamente mit goldfarbenem Powder Icing auslassen, den Rand nachspritzen. Die Schrift mit weißem Powder Icing direkt auf die Torte spritzen. Ein Kreuz aus Marzipan mit Light-Goldpuder abpudern und auflegen.

HERSTELLUNG ROSEN

Weiße Blumenmasse 1,5 mm dick ausrollen und mit einem runden Petits-Fours-Ausstecher die Blätter ausstechen. Mit der Rosenpresse die Blätter an einer Seite ausdünnen und von innen nach außen zur Rose formen. Die ersten beiden Blätter gegeneinander eindrehen, jedes weitere Blatt etwas höher ansetzen und mit zwei Fingern in eine Rosenform drücken.
Falls keine Rosenpresse vorhanden ist, die Blätter zwischen zwei Fingern ausdünnen. Grüne Blumenmasse 1,5 mm dick ausrollen, Blattformen schneiden und mit dem Blattformer strukturieren.

HERSTELLUNG BÄRCHEN

Ein Bärchen modellieren, mit dem Modellierholz Nr. 8 die Fellstruktur eindrücken, ein Kleid aus Einschlagmasse ausschneiden. Das Kleid mit Spritztütchen und Powder Icing schmücken. Die Bibel ebenfalls aus Einschlagmasse formen, Buchrand mit Light-Goldpuder kolorieren.

Schritt für Schritt

Champagnerfarbene Einschlagmasse ausrollen, einen Streifen in Höhe der Torte zurechtschneiden und um die eingesetzte Torte legen. Nun weiße Einschlagmasse ausrollen, mit dem Randgarniturausstecher den unteren Tortenrand schmücken.

Weiße Einschlagmasse ausrollen, einen Ring in Größe der Torte auflegen, 4 cm zugeben und mit einem Randgarniturausstecher möglichst rund ausstechen.

Einschlagmasse mit dem Lochmusterausstecher schmücken, so dass der Eindruck einer Spitzendecke entsteht.

Vorbereitete Einschlagmasse mit der Ausrollwalze aufnehmen und über die Torte legen. Dabei rundum auf gleiche Abstände achten. Mit dem Smoother glätten und den Rand entsprechend drapieren.

Powder Icing mit Light-Goldpuder färben und dünne Linie als Schmuckelement aufspritzen. Lochmuster mit gefärbtem Powder Icing auslassen.

Blumenmasse auf 1,5 mm ausrollen, mit einem Petits-Fours-Ausstecher ausstechen und auf der Rosenpresse ausdünnen oder Rosenblattformer benutzen. Das erste Blatt bis zu zwei Dritteln eindrehen, den Rest des Blattes umbiegen. Das nächste Blatt 2 bis 3 mm höher ansetzen und nach außen biegen, mit Daumen und Zeigefinger die Blattkante leicht zusammendrücken, bis die typische Rosenblattform entsteht. Mit weiteren Blättern genauso verfahren, bis die gewünschte Größe erreicht ist. Die äußeren Blätter etwas höher ansetzen. Dadurch lassen sich die Blätter weiter nach außen biegen, und die Rose gewinnt an Größe.

Eine edle Torte zur Konfirmation,

die mit ihrer Symbolik die Würde

dieses Tages unterstreicht.

Zur Konfirmation

Patrick

Herstellungsaufwand

★

Zutaten/Material

2 Torten in den Größen 28/18 cm
etwa 500 g Einschlagmasse
Pastenfarbe (Baby Blue und Grün)
Blumenmasse
Light-Goldpuder

Spezielle Arbeitsgeräte

Randgarniturausstecher
2 Metallausstecher Fisch (verschieden groß)
Silikon-Blattformer
Silikonform Kreuz
Herzausstecher, klein
Pinsel
Petits-Fours-Ausstecher
Smoother
Rosenpresse
evtl. Rosenblattausstecher

Schritt für Schritt

Blumenmasse auf 1,5 mm ausrollen, mit einem Petits-Fours-Ausstecher ausstechen und auf der Rosenpresse ausdünnen oder Rosenblattformer benutzen. Das erste Blatt bis zu zwei Dritteln eindrehen, den Rest des Blattes umbiegen. Das nächste Blatt 2 bis 3 mm höher ansetzen und nach außen biegen, mit Daumen und Zeigefinger die Blattkante leicht zusammendrücken, bis die typische Rosenblattform entsteht. Mit weiteren Blättern genauso verfahren, bis die gewünschte Größe erreicht ist. Die äußeren Blätter etwas höher ansetzen. Dadurch lassen sich die Blätter weiter nach außen biegen, und die Rose gewinnt an Größe.

HERSTELLUNG TORTE

Torten nach Kundenwunsch einsetzen, mit blau eingefärbter Einschlagmasse eindecken, mit dem Smoother glätten und einteilen. Die kleine Torte an den hinteren Rand der großen Torte setzen. Randgarnierungen aus weißer Einschlagmasse ausstechen und Tortenränder schmücken. An den Rand der großen Torte auf jedes zweite Stück einen Fisch anbringen. Kleine Herzen am Rand jeden zweiten Stücks ansetzen.
Kleinere Fische oben an der zweiten Torte anbringen. Schilder auflegen und beschreiben. Rosen und Blätter auflegen und jedes zweite Stück mit Powder Icing mit einem Ornament schmücken. Silikonform Kreuz mit Blumenmasse ausdrücken und mit Light-Goldpuder kolorieren.

HERSTELLUNG DEKOR

Mit den Fischausstechern 8 größere und 8 kleinere Fische aus der blauen Einschlagmasse ausstechen, Masse etwas heller halten. Weiße Einschlagmasse 2 mm stark ausrollen und mit dem Randgarniturausstecher den Rand garnieren. 2 Schilder mit ausstechen. Mit den kleinen Herzausstechern Herzen ausstechen.

HERSTELLUNG ROSEN

Weiße Blumenmasse 1,5 mm dick ausrollen und mit einem runden Petits-Fours-Ausstecher die Blätter ausstechen. Mit der Rosenpresse die Blätter an einer Seite ausdünnen und von innen nach außen zur Rose formen. Die ersten beiden Blätter gegeneinander eindrehen oder mit einem Kelch in der Mitte anfangen. Jedes weitere Blatt etwas höher ansetzen und mit zwei Fingern eine Rosenblattform geben. Falls keine Rosenpresse vorhanden ist, die Blätter mit dem Rosenblattausstecher ausstechen und zwischen zwei Fingern ausdünnen. 8 Rosen werden benötigt. Grüne Blumenmasse 1,5 mm dick ausrollen, etwa 20 Blattformen schneiden und mit dem Blattformer strukturieren.

Unter der Zuckersonne

erstrahlt diese

Kindergeburtstagstorte

in festlichem Glanz.

Christinas Geburtstagstorte

Schritt für Schritt

Isomaltmasse in der Mikrowelle auflösen, dünn in die Silikonform Sonne gießen. Isomalt ist sehr einfach und schnell zu verarbeiten. Kleinere Mengen können in einer Tasse erhitzt werden (Seite 241).

Sobald Isomalt fest wird, aber noch plastisch verformbar ist, Silikonform entfernen und gegossene Sonne in eine flache Schüssel einlegen.

Herstellungsaufwand

★

Zutaten/Material

1 Torte Ø 28 cm
Einschlagmasse
Powder Icing
Pastenfarben, doppelt konzentriert (Rot, Gelb, Blau, Schwarz)
Isomalt oder Karamel (Rezepte Seiten 240/241)
Fettpapier
Backfolie
Lebensmittelfarbstoff

Spezielle Arbeitsgeräte

Randgarniturausstecher
Vorlage Schrift (Seite 264)
Vorlage Bären (Seite 265)
Silikonform Sonne
Tasse
Mikrowelle
Schüssel
Smoother

HERSTELLUNG DEKOR

Powder Icing anmachen und mit Pastenfarben in verschiedenen Farben einfärben. Die Vorlage für die Bären und die Schrift unter dünne Backfolie legen und zuerst die Umrandung der Bären und des Namenszugs des Kindes nachspritzen, dann die Figuren auslassen.
Tipp: Auf einer ebenen und transportablen Unterlage arbeiten.

HERSTELLUNG SONNE

Fettpapier zusammenknüllen und wieder ausstreichen, die Silikonsonne darauf legen und andrücken. Durch das geknüllte Fettpapier entstehen kleine Luftbläschen, und die geknitterte Struktur bleibt im Karamel erhalten. Entweder auf herkömmliche Art Karamel kochen (Rezept Seite 240) oder am einfachsten Isomalt verwenden.
Der Zuckeraustauschstoff Isomalt kann entweder auf dem Gas oder am einfachsten in der Mikrowelle erhitzt werden. Achtung: Mikrowellengeeignetes Geschirr verwenden!
Beim Erhitzen gelegentlich umrühren, nach dem vollständigen Auflösen Lebensmittelfarbstoff zusetzen, kurz schwenken, dann Masse dünn in die vorbereitete Sonnenform ausgießen. Zuckermasse kurz ankühlen lassen, bis sie nicht mehr flüssig ist, in eine größere Schüssel einlegen, um eine leicht gebogene Form zu bekommen. Nachdem die Masse vollständig durchgehärtet ist, aus der Schüssel nehmen und das Fettpapier abziehen.

FERTIGSTELLUNG

Einschlagmasse rot einfärben, 1,5 mm dick ausrollen, eingesetzte Torte damit eindecken und mit dem Smoother glätten. Aus derselben Einschlagmasse mit Randgarniturausstechern Bordüren fertigen und den unteren Tortenrand damit schmücken. Die vorbereitete, getrocknete Aufschrift und die beiden Bären auflegen. Mit dem Powder Icing kleine Punkte spritzen. Die Sonne in den hinteren Rand der Geburtstagstorte eindrücken oder mit einer Stütze fest machen.

Bücherwurm

Süße Lektüre als

Geburtstagstorte

für Bücherwurm

und Leseratte.

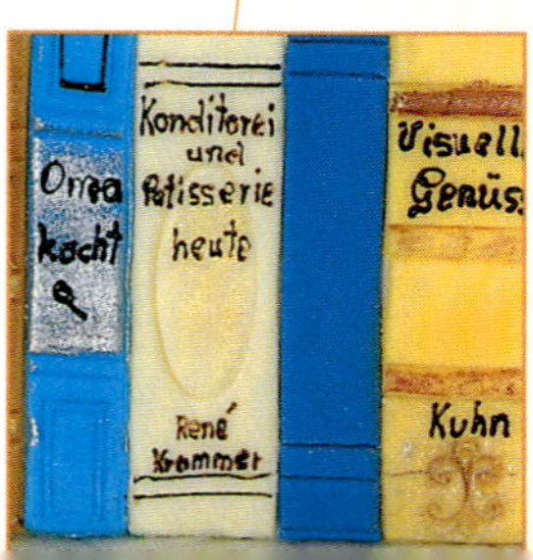

Der Herr der
Oma
Konditorei und Patisserie

Michaela
Der Herr der Ringe
Tolkin
Oma kocht
Konditorei und Patisserie heute
Visuelle Genüsse
Kuhn
Marzipan
Winter-märchen
Im Cafehaus

Herstellungsaufwand

★★★

Zutaten/Material

1 Torte in den Maßen 48/33/6 cm
1 Ziegel in den Maßen 25/12/8,5 cm
etwa 500 g Einschlagmasse
etwa 500 g weiße Dekormasse
Blumenmasse für die Bücher
verschiedene Farbpasten
Spritzschokolade
etwas Alkohol
Powder Icing
Farbpuder
Modelliermarzipan
Silpatmatten oder Fettpapier

Spezielle Arbeitsgeräte

Buchrückenausstecher
Randgarniturausstecher
Kuvertürehohlformkugel
Schablone
Smoother
Tortenmesser
Pinsel
Modellierholz Nr. 7
Schere
Zahnstocher
Airbrush

Schritt für Schritt

Die verschieden eingefärbte Blumenmasse 2 mm stark ausrollen, mit dem Buchrückenausstecher strukturieren und schneiden.

Mit etwas weißer Dekormasse (in der Umgangssprache weiße Schokolade) die Buchstützen zusammensetzen. Der Durchmesser der Kugel beträgt 6,5 cm.

HERSTELLUNG TORTE

Schwarze Pastenfarbe mit einem Zahnstocher in die Einschlagmasse geben, kurz durcharbeiten, so dass die Streifen noch zu sehen sind. Marmorierte Einschlagmasse 1,5 mm dick ausrollen, die Torte eindecken, mit dem Smoother glätten, sodann mit dem Buchrückenausstecher den Rand eindrücken. Die Ziegelform aus zusammengesetzten Kapseln aneinander fügen, weiß eindecken und mit dem Smoother glätten.

HERSTELLUNG DEKOR

Verschiedenfarbige Blumenmasse mit den Farbpasten herstellen und 2 mm dick ausrollen. Mit dem Buchrückenausstecher ausdrücken und mit Hilfe eines glatten Tortenmessers die einzelnen Buchsegmente schneiden.
Die vorbereiteten Rücken eventuell jetzt mit dem Airbrush nachschminken. Die einzelnen Buchrücken mit etwas Alkohol ansetzen, rechts und links den kompletten Bucheinband passend zu dem am Rand angebrachten Buchrücken anbringen. Aus der farblich passenden Masse schmale Streifen schneiden und oben an den Buchrücken mit etwas Powder Icing ansetzen. Den Buchrücken evtl. mit Farbpuder kolorieren und mit Spritzschokolade (Rezept Seite 240) garnieren. Aus gefärbter Einschlagmasse und den Randgarniturausstechern das Schild ausstechen und beschriften.

HERSTELLUNG BUCHSTÜTZEN

Weiße Schokolade temperieren und 2 Kugeln mit den Kuvertürehohlformen gießen, Ø 6,5 cm. Die Schokolade auf Fettpapier oder Silpatmatten ausstreichen und Buchstützen ausschneiden. Nach dem Härten mit Schokolade zusammensetzen.

HERSTELLUNG MARZIPANFIGUREN

Aus Marzipan ein lesendes Kind modellieren. Dazu einen Strang ausrollen, an einer Seite bis in Beinhöhe einschneiden und 1 Bein hochstellen. Mit dem Airbrush braun schminken, rot gefärbten Modelliermarzipan ausrollen und einen Streifen als Pullover um den Oberkörper legen. Beide Arme anmodellieren, dünne Rollen formen und als Bund und Ärmel ansetzen. Kopf modellieren, mit Spritzschokolade die Haare spritzen, die Figur auf ein Kissen vor ein aufgeschlagenes Buch legen und die Teile natürlich zusammenfügen. Eine Decke unterlegen. Den Bücherwurm aus einer sich verjüngenden Marzipanrolle modellieren, mit dem Modellierholz Nr. 7 die einzelnen Körperformen ausarbeiten und schneiden. Den Wurm zwischen die Bücher ansetzen und mit Hut und einem Schild aus Spezialmasse fertig stellen.

Annikas Traum

Die Früchte des Zauberbaums

auf dieser Traumtorte lassen

Kinderherzen höher schlagen.

Annika

Zutaten/Material

1 Torte Ø 28 cm
1 kleine Torte, 6-eckig, konisch
1/1-Marzipan
Modelliermarzipan
Marzipan oder Spezialmasse
etwa 500 g Einschlagmasse
verschiedene Farbpasten
Spritzschokolade

Spezielle Arbeitsgeräte

Blumenausstecher (Serienring)
Knoblauchpresse
Impression Mats Steinstruktur
Randausstecher
Blütenausstecher Margeriten
Sieb
Schere
Modellierhölzer
Smoother
Airbrush

Herstellungsaufwand

★★★

Schritt für Schritt

Die verschiedenen Einzelteile des Baumes und der Figuren. Der Baum aus 1/1-Marzipan, die Figuren aus Modelliermarzipan. Den Körper des sitzenden Mannes mit einer kleinen Schere einschneiden.

Baumstamm modellieren, mit dem Airbrush zuerst leicht gelb, dann braun schminken, grünen Marzipan durch eine Knoblauchpresse drücken und über die Krone legen. Kurz nachschminken und Augen anbringen.

HERSTELLUNG

Runde Torte mit weißer Einschlagmasse eindecken und mit dem Smoother glätten. Kleine konische Torte mit apricot eingefärbter Einschlagmasse eindecken, glätten und auf die runde Torte setzen. Braun eingefärbten Marzipan ausrollen, mit dem gezackten Randausstecher ausschneiden, um die kleine Torte legen. Ausgerollten Marzipan mit den Impression Mats strukturieren und mit den Blumenausstechern (Serienring) ausstechen, halbieren und am Rand anbringen. Randgarnierung aus Spritzschokolade spritzen.

Marzipanbaum aus 1/1-Marzipan herstellen. Grünen Marzipan durch eine Knoblauchpresse drücken und auf den Baum legen, mit kleinen, gelb-rot geschminkten Marzipanäpfeln schmücken. Schilder mit Spritzschokolade beschreiben und auflegen sowie die Figuren modellieren. Die sitzende Figur aus 1/1-Marzipan modellieren, in die Grundform setzen und mit einer kleinen Schere rundherum einschneiden, farbig ansprühen.

Spezialmasse oder Marzipan ausrollen, mit den Impression Mats strukturieren, dann mit dem Blumenausstecher (Serienring) ausstechen und halbieren. An der Torte ansetzen.

Happy Birthday

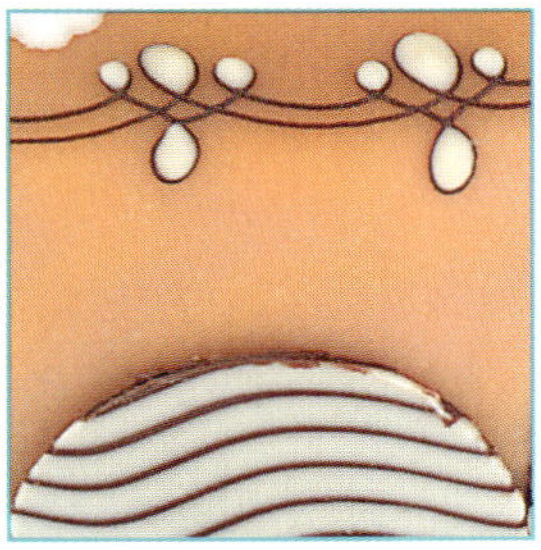

Froschkonzert

Ein Froschkonzert für das Geburtstagskind.

Mindestens zwei Dutzend quakender

Frösche wünschen viel Glück.

Schritt für Schritt

Ausgerollte blaue Einschlagmasse in Teichform ausschneiden, mit einer Marzipanrolle umlegen, dann mit ausgerolltem Modelliermarzipan abdecken und am Rand andrücken. Für die Bäume 1/1-Marzipan zum Strang rollen, mit einem Modellierholz strukturieren. Beide Enden einschneiden und auseinander legen, Wurzeln weiter einschneiden und nachmodellieren, mit ein paar Zweigen fertig stellen.

Die Einzelteile eines Frosches. Gut zu sehen: Alle Teile des Frosches mit Ausnahme des Kopfes bestehen aus Tropfenformen.

3 Varianten des Frosches: liegend, sitzend und aus dem Wasser schauend.

Herstellungsaufwand

★ ★ ★

Zutaten/Material

1 8-eckige Torte (Kantenlänge 14 cm)
oder 1 runde Torte Ø 35 cm
etwa 600 g Modelliermarzipan
1/1-Marzipan
Blumenmasse
Kuvertüre, weiß und zartbitter
Einschlagmasse
Farbpasten
(Grün, Braun, Rot und Baby Blue)
Powder Icing
Spritzschokolade

Spezielle Arbeitsgeräte

Modellierhölzer Nr. 5, Nr. 6, Nr. 7, Nr. 8
Rollholz
Ausstecher, rund (Serienring)
Herzausstecher, klein
Sieb
Knoblauchpresse
5-Stern-Blumenausstecher
Garnierkamm
Airbrush
Smoother
Randgarniturausstecher
Blumenpad
Silikonblattformer Brombeer

Rote Blumenmasse ausrollen, mit den 5-Stern-Ausstechern in 3 Größen ausstechen, auf dem Blumenpad mit dem Augenholz von außen nach innen ziehen sowie die Größen ineinander befestigen. Etwas Marzipan durch ein Sieb drücken und in die Mitte setzen. Grün eingefärbte Blumenmasse dünn ausrollen und Blätter mit einem Serienring ausstechen. Auf den Silikonblattformer Brombeer legen und strukturieren. Einen kleinen Keil ausschneiden und die Blätterränder hochbiegen.

HERSTELLUNG MARZIPANDEKOR

Aus 1/1-Marzipan 2 Bäume modellieren, 1 liegenden, 1 stehenden, trocknen lassen und mit dem Airbrush schminken. Den Baum mit durch eine Knoblauchpresse gedrücktem Modelliermarzipan fertig stellen, eventuell kleine Äpfelchen modellieren. Aus grün eingefärbtem Modelliermarzipan etwa 25 Frösche in unterschiedlichen Posen modellieren: liegend, sitzend, im Wasser planschend . . . Der Körper der Frösche besteht aus einem tropfenförmigen Marzipanstück. 2 längliche Tropfen als Sprungbeine leicht gekrümmt rechts und links ansetzen. Kleine Tropfen als Füße anbringen und mit dem Modellierholz strukturieren. Für den Kopf eine Kugel formen, etwas mit der Hand flach drücken und mit einem Messer an einer Seite im unteren Drittel den Mund einschneiden. Leicht nach unten biegen. 2 kleine Kugeln als Augen formen, mit dem Modellierholz Augen eindrücken. Die Frösche zusammensetzen, mit dem Airbrush leicht nachschminken, die Augen mit Powder Icing und Spritzschokolade fertig stellen. Rote Zungen aus eingefärbter Einschlagmasse rollen und einsetzen.

HERSTELLUNG TEICH

Kleine Menge Einschlagmasse mit Farbpaste Baby Blue einfärben und ausrollen. Als Teich ausschneiden und auf die Torte legen, mit dem braun eingefärbten Marzipan eine Rolle formen und um den Teich legen. Braunen Marzipan 2 mm dick ausrollen und über den Teich und die Rolle legen, die Mitte über dem Teich wieder ausschneiden und an den Rändern andrücken. Mit dem Airbrush leicht braun nachschminken. Mit grünem Modelliermarzipan, durch ein Sieb gedrückt, Gras imitieren. Mit dem 5-Stern-Blumenausstecher Seerosen herstellen, dazu die ausgestochenen Blüten auf dem Blumenpad mit dem Modellierholz Nr. 5 von außen nach innen nachfahren. Dadurch wölben sich die Blätter nach oben. Mehrere Blüten unterschiedlicher Größe ineinander setzen. Die Seerosen auf den Teich legen. Mit Powder Icing kleine angedeutete Wellen spritzen.

HERSTELLUNG TORTE

Torte nach Kundenwunsch einsetzen, mit eingefärbtem Marzipan eindecken, mit dem Smoother glätten. Die Randgarnierung mit Spritzschokolade spritzen. Schild aus weißer Einschlagmasse mit dem Randgarniturausstecher herstellen und mit Spritzschokolade beschriften.

HERSTELLUNG RANDGARNIERUNG

Weiße Schokolade temperieren, mit Hilfe eines feinen Garnierkamms dünne Linien ziehen, anziehen lassen und mit der temperierten Zartbitterkuvertüre ausstreichen. Mit angewärmtem Serienring ausstechen und halbieren. Weiße Einschlagmasse ausrollen, mit einem kleineren Serienring ausstechen, halbieren und dann im Wechsel am Rand befestigen. Mit Kuvertürefolie kleine Notenblätter für die Sänger herstellen.

„Glück auf!“ im Käsebergwerk

Dieses Käsebergwerk mit den fleißigen kleinen Mäuschen wird nicht nur Kinder begeistern, auch Erwachsene erfreuen sich an dieser bezaubernden Thementorte.

Cheese-
Company
1kg = 12.-
Schweizer
Im Angebot

Zutaten/Material

3 Torten in den Größen 28/18/16 cm
(Grundrezepte Seiten 234 bis 237)
Einschlagmasse
Modelliermarzipan
Marzipan
Gelatinezucker
Pastenfarben
Creme
(Grundrezept Seite 236)
Spezialmasse

Spezielle Arbeitsgeräte

Kunststoffrollholz
Kaffeelöffel
Airbrush
Pastenfarbe
Modellierbesteck
Smoother
Pinsel
Metallausstecher (Ø 1,5 cm)
Margeritenausstecher „Daisy“
Tortenplatte (Ø 40 cm)

Herstellungsaufwand

★★★★

Schritt für Schritt

Torte einsetzen, mit einem Kaffeelöffel kleine Löcher ausstechen und diese leicht mit Creme ausstreichen.

Modelliermarzipan zart gelb einfärben und für das Eindecken der Torte entsprechend große 2 mm dicke Stücke ausrollen. Diese mit einem Kunststoffrollholz über die Torten legen.

Den Marzipan leicht in die Löcher drücken. Die überstehenden Ränder abschneiden. Anschließend die Torte mit einem Smoother glätten.

HERSTELLUNG

3 Torten nach Wunsch mit den Größen 28/18/16 cm vorbereiten (Rezepte ab Seite 234). Für die kleinste Torte einen etwas stabileren Biskuit verwenden, z. B. Marzipanbiskuit mit Schokosplittern (Rezept Seite 234).
Torten einsetzen, mit einem Kaffeelöffel kleine Löcher ausstechen, am Rand der mittleren Torte den Bergwerkseingang ausschneiden. In der Mitte der kleinsten Torte ein kleines Loch ausstechen und diese an einer Seite gerade abschneiden. Nun alle ausgestochenen Löcher und Schnittkanten dünn mit Creme ausstreichen. Marzipan zart gelb einfärben und für das Eindecken der Torten entsprechend große 2 mm dicke Stücke ausrollen. Den Bergwerkseingang, das ausgestochene Loch in der kleinsten Torte sowie die gerade Schnittkante mit Marzipan auskleiden. Dann die Torten mit Marzipan eindecken. Den Marzipan leicht in die Löcher drücken. Die überstehenden Ränder abschneiden, Bergwerkseingang und durchgestochenes Loch ausschneiden und anpassen. Die Tortenplatte (ø 40 cm) mit Kirschwasser einstreichen und ebenfalls mit Marzipan eindecken. Die Torten sowie die eingedeckte Tortenplatte mit dem Airbrush in einem kräftigeren Gelbton schminken, die Vertiefungen der Löcher und Eingänge mit brauner Farbe nachschminken. Die größte Torte nach hinten versetzt auf die Tortenplatte setzen, die mittlere Torte an den hinteren Rand der untersten Torte, die kleine Torte aufrecht stehend leicht schräg aufsetzen.

FERTIGSTELLUNG

Spezialmasse (Rezept Seite 239) 2 mm dick ausrollen, in 8 mm breite Streifen schneiden und mit dem Modellierbesteck eine Holzstruktur geben. Dann mit dem Airbrush leicht braun absprühen. Daraus den Eingang zum Bergwerk, die Leitern, den Tisch, den Schubkarren, den Eisenbahnwagen und die Eisenbahnschwellen schneiden und trocknen lassen. Die Sträucher, die Räder und die Tischbeine aus dem gleichen Material herstellen und braun schminken. Die Schienen aus Gelatinezucker fertigen.
Aus Gelatinezucker Arme und Beine, Schwänzchen sowie die Ohren der Mäuse modellieren und zart rosa besprühen. Mäuse aus Marzipan formen und mit verschieden eingefärbter Einschlagmasse bekleiden. Gesichter aufspritzen. Kleine Käsestückchen aus gelbem Marzipan, Gras mit grünem, durch ein Sieb gestrichenem Marzipan anlegen. Alles dekorativ auf der Torte anrichten und mit einzelnen Blüten (Herstellung der Blüten ab Seite 246) schmücken.

TIPP

Diese Torte eignet sich auch sehr gut als einstöckige Thementorte.

Die Torte mit dem Airbrush in einem kräftigeren Gelbton schminken, die Vertiefungen der Löcher mit brauner Farbe nachschminken.

Aus Gelatinezucker Arme und Beine, Schwänzchen sowie die Ohren der Mäuse fertigen und zart rosa besprühen. Kopf und Körper der Mäuse aus Marzipan formen und mit verschieden eingefärbter Einschlagmasse bekleiden. Mäuschen zusammensetzen und Gesichter aufspritzen.

Hasenfrühling

Wenn die Osterglocken läuten,

freuen sich die Häschen und alle,

die mit dieser Ostertorte beschenkt werden.

Zutaten/Material

1 Torte Ø 28 cm
200 g Spezialmasse
Blumenmasse
Modelliermarzipan
1/1-Marzipan
dünne Folie
Powder Icing
Einschlagmasse
Pastenfarben (verschiedene Grüntöne, Gelb, Orange, Rot, Braun)

Spezielle Arbeitsgeräte

Impression Mats Steinstruktur
Multifunktionsset Blumen
Ausstecher Osterglocken
Tortenplatte Ø 30 cm
Blatttülle Nr. 6
Dauerbackfolie
Modellierholz Nr. 5
Knoblauchpresse
Smoother

Herstellungsaufwand

★★★

HERSTELLUNG HASENSTALL

Spezialmasse herstellen (Rezept Seite 239), 2 mm dick ausrollen, mit den Modellierhölzern eine Holzstruktur geben, etwa 1,5 cm breite Streifen schneiden und trocknen lassen. Daraus den Hasenstall mit Kuvertüre zusammensetzen. Den Rahmen der Türen überlappend zusammenfügen, auf dünne Folie legen und mit Powder Icing den „Hasendraht" spritzen und trocknen lassen. Für den Unterbau des Stalls 1/1-Marzipan ausrollen, mit den Impression Mats Steinstruktur strukturieren und mit Kuvertüre zusammenfügen. Aus Modelliermarzipan 6 kleine Häschen und 2 kleine Mäuschen modellieren.

HERSTELLUNG BLUMEN

Blumenmasse gelb einfärben, dünn ausrollen und mit dem Osterglockenausstecher Blumen die Osterglocken herstellen. Dazu pro Blume 2-mal die Grundblätter ausstechen und übereinander legen, 1-mal den Kelch ausstechen. Die Kanten auf dem Blumenpad mit dem Modellierholz Nr. 5 dünn nachbearbeiten, dann Blume zusammensetzen. Aus grüner Blumenmasse längliche Blätter frei ausschneiden. Tulpen mit Hilfe des Multifunktionsset Blumen herstellen.

FERTIGSTELLUNG

Die Torte nach Kundenwunsch einsetzen, Einschlagmasse mit Pastenfarbe Spruce Green zart grün einfärben, Torte eindecken und mit dem Smoother glätten. Tortenplatte ebenfalls eindecken und über den Rand ziehen. Die Torte aufsetzen, Powder Icing anmachen, in verschiedene Grüntöne einfärben und mit der Blatttülle Nr. 6 die Gräser an den Rand der Torte von unten nach oben spritzen. Mit braun eingefärbtem Powder Icing in Abständen einen kleinen Ast spritzen. Ein paar kleine Blüten auf Dauerbackfolie spritzen, trocknen lassen, dann an den Tortenrand anlegen. Stall auf die Torte stellen, gelben Marzipan durch die Knoblauchpresse drücken und als Stroh in den Stall legen. Häschen im und am Stall platzieren, Karotten modellieren und alles gefällig auf der Torte arrangieren.

Schritt für Schritt

Der Zusammenbau des Hasenstalls aus einzelnen Streifen Spezialmasse, die mit Kuvertüre zusammengesetzt werden. Der Unterbau mit den Impression Mats und die Einzelteile der Hasen, in der Reihenfolge gelegt.

Mit verschiedenfarbigem Powder Icing gespritzter Tortenrand mit den Ästen und den kleinen Blüten.

Ein Geburtstagsgruß mit

einem duftigen

Arrangement der ersten

Frühlingsboten

Gänsemarsch

Uta

Schritt für Schritt

Die Herstellung der Osterglocken und der Blätter. Mit Powder Icing die Gänse und die Schrift nachspritzen und auslassen. Mit dem Miniblütenformer kleine Blüten ausstechen und auf dem Blumenpad die Blüte hoch stellen und fertig machen.

In einem Bild zu sehen: die eingedeckte Tortenplatte und das Spritzen des Randes mit gefärbtem Powder Icing. Zuerst mit gelbem Powder Icing direkt auf den Tortenrand spritzen, dann mit den anderen Farben darüber spritzen, die Gänse auflegen und mit den Blüten fertig stellen.

Herstellungsaufwand

★★★

Zutaten/Material

6-eckige Torte, Kantenlänge 16 cm
Blumenmasse
Powder Icing
Pastenfarben (Baby Blue, Gelb, Grün, Gold)
Light-Goldpuder
Pulverfarben
Tortenplatte Ø 30 cm
Backfolie

Spezielle Arbeitsgeräte

Multifunktionsset
Fünfblatt-Ausstecher
Ausstecher Osterglocken
Blumenpad
Modellierholz Nr. 5
Miniblütenformer mit Auswerfer
Silikonblattformer
Vorlage Gänse
Smoother
Pinsel
Spritztütchen

HERSTELLUNG DEKOR

Blumenmasse in verschiedenen Farben einfärben, 1 mm dick ausrollen. Aus weißer Blumenmasse mit Hilfe des Multifunktionssets die Einzelteile der Klematis ausstechen, mit dem Modellierholz Nr. 5 (Augenholz) auf dem Blumenpad die Ränder ausdünnen und zusammensetzen. Kleine Kugeln aus Blumenmasse golden einfärben und in die Mitte der Blüte legen. Mit einem trockenen Pinsel und Light-Goldpuder die Klematis leicht schminken. Gelbe Blumenmasse ausrollen und mit dem Osterglocken-Set ausstechen, dazu pro Blume 2-mal die Grundblätter ausstechen und übereinander legen, 1-mal den Kelch ausstechen. Die Ränder der Blütenblätter auf dem Blumenpad mit dem Modellierholz Nr. 5 (Augenholz) dünn nachbearbeiten. Die Zinnie mit dem Fünfblatt-Ausstecher ausstechen. Die einzelnen Blüten werden mit Hilfe des Modellierholzes eingerollt und in der Mitte verbunden. So mit den verschiedenen Größen verfahren und diese aufeinander setzen, und zwar so lange, bis die Blütenform geschlossen ist. Blätter werden aus grüner ausgerollter Blumenmasse ausgeschnitten und auf dem Silikonblattformer strukturiert. (Herstellung der Blumen ab Seite 246)

GÄNSE UND SCHRIFT

Die Vorlage für die Gänse (Seite 279) unter dünne Backfolie legen, die Umrisse mit Powder Icing nachfahren und dann auslassen. Flügel erhöht spritzen.

FERTIGSTELLUNG

Die Torte mit eingefärbter Einschlagmasse (Baby Blue) eindecken und dann mit dem Smoother glätten. Mit einem trockenen Pinsel und Pulverfarben die Oberfläche etwas nachkolorieren. Die Tortenplatte mit zart gelb eingefärbter Einschlagmasse eindecken, dabei auch über den Rand ziehen, nun die Torte auf die Tortenplatte stellen. Powder Icing in verschiedenen Farbtönen anrühren (Gelb/Braun), mit einer kleinen Palette gelbes Powder Icing auf den Tortenrand streichen und abtupfen (aufrauhen). Die verschiedenen Farbtöne in Spritztütchen füllen und den Rand spritzen, dabei die Farben mischen. Auf Backfolie Grasbüschel spritzen, trocknen lassen und später auf den Tortenrand garnieren. Mit weißem Powder Icing die Buchstaben spritzen, auslassen und trocknen, danach mit Light-Goldpuder kolorieren und auflegen. Die Blumen auf der Torte arrangieren, mit den Blättern fertig stellen, kleine Blüten ausstechen und gefällig garnieren.

Muttertagsherzen

Nie sind Herzen so gefragt wie am Muttertag: ein beliebter Klassiker im Repertoire des Konditorenangebots.

Happy Mother's Day

Zutaten/Material

2 Herzentorten
Einschlagmasse
weiße Dekormasse
Snow-Flake-Puder
Pastillage
Blumenmasse
Lebensmittelfarben, flüssig (Grün, Rot)

Herstellungsaufwand

★★

Spezielle Arbeitsgeräte

Patchwork-Stempel
Buchstabenmatte
Kuvertüre-Herzformen
Rüschenmodellierholz
Pinsel
Schwan-Set
Silikon-Stoffvolantform
Silikon-Blattformer Brombeer
Airbrush
Kunststoffrollholz
Randgarniturausstecher
Rüschenausstecher
Smoother
Winkelpalette
Halbkugelformen
5-Stern-Blumenausstecher

Schritt für Schritt

Das Einschlagen der Herzen mit der profilierten Einschlagmasse. Das Rüschenholz im Einsatz und Snow Flake und Pinsel zum effektvollen Gestalten.

Abpudern mit Snow Flake und die Einzelteile einer Seerose.
Die Silikon-Stoffvolantform mit der ausgedrückten Blumenmasse.

Zusammensetzen des Schwans mit Powder Icing.

HERSTELLUNG HERZ MIT DEN ROSEN

Einschlagmasse ausrollen, den Snow-Flake-Puder auf die Oberfläche verteilen und mit ausrollen. Das Herz einschlagen und mit dem Smoother glätten. Einschlagmasse ausrollen, mit dem Patchwork-Stempel eindrücken und mit den Randgarniturausstechern Streifen ausstechen, anfeuchten und anlegen. 2 gegossene Kuvertüreherzen ebenfalls mit vorbereiteter Einschlagmasse eindecken, Rand abschneiden. Mit den Rüschenausstechern aus 2 mm dick ausgerollter Einschlagmasse Ringe ausstechen, mit dem Rüschenmodellierholz die Rüschen herausarbeiten und unter die Herzen legen. Mit dem Snow-Flake-Puder und einem trockenen Pinsel die Herzen etwas kolorieren. Die beiden Herzen auf die Torte legen sowie mit ein paar ausgestochenen Herzen garnieren, 2 Rosen aus Blumenmasse auflegen, mit Blättern aus grüner Blumenmasse schmücken.

HERSTELLUNG HERZ MIT SCHWAN

Einschlagmasse ausrollen, den Snow-Flake-Puder auf die Oberfläche verteilen und mit ausrollen. Torte eindecken, mit dem Smoother glätten. Mit dem Randgarniturset den Rand schmücken. Aus Blumenmasse mit der Silikonform 10 Stoffvolants und 11 Schleifen ausdrücken. Weiße Dekormasse temperieren, die Buchstabenmatte mit Hilfe der Winkelpalette mit Dekormasse ausstreichen, nach dem Auskühlen aus der Form ausdrücken.

HERSTELLUNG SCHWAN

Pastillage (Rezept Seite 240) 0,5 mm dick ausrollen und mit dem Schwan-Set die Flügel ausstechen, auf der Silikonplatte Struktur geben und in Halbkugeln oder Ähnlichem zum Trocknen einlegen. Pastillage zum dünnen Strang ausrollen und in die Silikonform Schwanenhals einlegen, pressen und trocknen lassen. Aus Blumenmasse eine Tropfenform herstellen, das dünne Ende als Schwanz hochbiegen, den Hals vorsichtig in die Tropfenform eindrücken und die Flügel mit Powder Icing befestigen. Schnabel mit Pinsel und roter Lebensmittelfarbe schminken, ein wenig schwarzes Powder Icing oberhalb des Schnabels aufspritzen sowie die Augen spritzen.

Weiße Dekormasse temperieren, die Buchstabenmatte mit Hilfe der Winkelpalette mit Dekormasse ausstreichen, nach dem Auskühlen aus der Form ausdrücken.

HERSTELLUNG SEEROSE

Blumenmasse ausrollen, mit dem 5-Stern-Blumenausstecher 2-mal ausstechen, auf dem Blumenpad mit dem Augenholz immer nach innen modellieren. Dadurch stellen sich die Blütenblätter nach oben. Aus grüner Blumenmasse Seerosenblatt gestalten, rund ausstechen, kleinen Keil ausschneiden, mit dem Silikon-Blattformer Brombeer strukturieren und Ränder hochbiegen. Mit dem Airbrush leicht absprühen. Schwan und Seerose auf die Torte stellen, mit den Buchstaben garnieren und ein paar ausgestochene Herzen aus Einschlagmasse auflegen.

Zum Vatertag

Besonders zum Vatertag ist diese originelle

Torte ein passendes Geschenk.

Zutaten/Material

1 rechteckige Torte (32 x 22 cm)
etwa 500 g Einschlagmasse
Pastenfarbe (Schwarz)
Puderfarbe (Rot)
Light-Goldpuder
etwas Blumenmasse

Spezielle Arbeitsgeräte

Rüschenholz
Rüschenausstecher
Kunststoffrollholz
Lineal
Modellierholz
Schneiderad
Blumenausstecher Nelke
Smoother
Randgarniturausstecher

Herstellungsaufwand

★ ★

HERSTELLUNG

Weiße Einschlagmasse dünn ausrollen, die gewünschte Torte eindecken und mit dem Smoother glätten. Aus der restlichen Einschlagmasse mit einem kleinen Schneiderad den Kragen zurechtschneiden. Mit dem Rüschenausstecher mehrere Ringe ausstechen und mit dem Rüschenholz die 4 Rüschen ausarbeiten. Diese einmal schneiden und auseinander legen. Die Rüschen oder Biesen doppelt legen, rechts und links der Mitte auf die Ansätze der Rüschen eine etwa 5 cm breite Knopfleiste legen. Zum Abschluss der Knopfleiste kleine Fältchen legen, den Kragen anbringen.
Einschlagmasse schwarz einfärben, ausrollen, mit dem Lineal und dem Schneiderad etwa 12 cm breite Streifen schneiden. Diese als Smoking-Jacke auflegen, über den Rändern glatt streichen und mit dem Smoother glätten. Revers ausschneiden und anbringen, aus der ausgerollten Masse eine Fliege zurechtschneiden und auflegen. Kleine Kugeln aus Einschlagmasse, in Light-Goldpuder gewälzt, werden als Knöpfe auf die Knopfleiste aufgesetzt. Ein wenig Blumenmasse ausrollen, mit dem Nelkenausstecher ausschneiden und auf dem Blumenpad die Ränder ausdünnen, dann zusammenlegen und zu einer Nelke formen. Mit etwas roter Puderfarbe und einem Pinsel die Ränder kolorieren. Nelke mit einem Blatt im Knopfloch der Torte drapieren.

Schritt für Schritt

Die einzelnen Arbeitsschritte von den Rüschenausstechern bis zum Kragen und der Knopfleiste in einem Bild.

Hier eine kleine einfachere Version des Vatertagshemds in den Maßen 18 cm lang und 12 cm breit: Ganzes Karree backen, in den gewünschten Maßen zurechtschneiden und mit Modelliermarzipan eindecken. Kragen als schmales Band ausschneiden und auflegen, ebenso angedeutet eine Tasche. Mit den Randgarniturausstechern den Tortenrand garnieren. Aus buntem Marzipan oder Einschlagmasse eine Krawatte schneiden, nach Wunsch garnieren und auflegen. Mit Spritzschokolade „Zum Vatertag“ schreiben und in den Hemdkragen ein Firmenschild oder den Namen anlegen.

Home sweet home

Ein Herbstgruß für alle, die Gemütlichkeit und Behaglichkeit in die stilleren Tage bringen wollen.

Home sweet home

Zutaten/Material

1 runde Torte Ø 28 cm
etwa 300 g Einschlagmasse
200 g Blumenmasse
100 g Spezialmasse
Modelliermarzipan
Lebensmittelfarben (Rot, Braun, Grün)

Spezielle Arbeitsgeräte

Metallausstecher Herbst
Serienring
Randausstecher
Ilexausstecher
Sieb
Airbrush
Smoother

Herstellungsaufwand

★

Schritt für Schritt

Blätter, ausgestochen mit den Metallausstechern, Einzelteile der Figuren sowie des Pflanztopfs und der Haselnuss.

HERSTELLUNG

Torte nach Kundenwunsch einsetzen, mit weißer, 1,5 mm dick ausgerollter Einschlagmasse eindecken, mit dem Smoother glätten, dann einteilen. Grün eingefärbte Einschlagmasse ausrollen, mit Randausstechern Bordüren gestalten und den Rand damit garnieren. Aus 1 mm dick ausgerollter Blumenmasse die Blätter ausstechen, mit dem Airbrush in herbstlichen Farbtönen schminken. Für den Pflanztopf einen Streifen Spezialmasse um einen Serienring legen, Boden einsetzen, 2 Streifen als Metallbänder umlegen. Kleines Schild und Pfosten sowie ein paar Äste formen. Aus Modelliermarzipan eine Maus und eine Schnecke formen und schminken. Aus grüner Blumenmasse Ilex ausstechen und auf jedes zweite Stück legen. Aus Ästen und Blättern ein Arrangement legen, in die Mitte den Pflanztopf und das beschriftete Schild platzieren. Efeu am Wegweiser anbringen, Torte mit Figuren und Blättern schmücken.

Santa

Winterabend

Auch das Konditorjahr endet mit einem Torten-Highlight. Am kristallen glänzenden Weihnachtsbaum erholt sich der Weihnachtsmann von den Strapazen des Festes.

Herstellungsaufwand

★★★★

Zutaten/Material

1 Torte
etwa 400 g Einschlagmasse
Gelatinezucker
1/1-Marzipan
übersättigte Zuckerlösung
(Rezept Seite 239)
Blumenmasse
Powder Icing
Pastenfarbe (Weihnachts-Rot)
weiße Dekormasse
Modelliermarzipan

Spezielle Arbeitsgeräte

Kopiervorlage Baum (Seite 273)
Ilexausstecher
Silikonform Blätterrand
Quill-Stempel
Multifunktionsblumenausstecher
Modellierhölzer
Blumenpad
Behälter für Zuckerlösung
Druckpapier/Lebensmitteldrucker
Smoother

Schritt für Schritt

Mit dem Multifunktionsausstecher die Einzelteile des Weihnachtssterns ausstechen, mit dem Modellierholz die Ränder ausdünnen und zusammensetzen.

Mit dem Quill-Stempel die ausgerollte Einschlagmasse strukturieren.

Einschlagen der Sesseleinzelteile: Marzipan leicht anfeuchten, Einschlagmasse umlegen und andrücken.

HERSTELLUNG

Gelatinezucker 1,5 mm dick ausrollen und nach einer gemalten Vorlage 5 Teile eines Baumes ausschneiden. Nach dem Trocknen mit Powder Icing zusammensetzen, auf eine kleine Grundplatte setzen und trocknen lassen. Dann Baum kopfüber 3 bis 4 Tage in eine Zuckerlösung hängen und Kristalle wachsen lassen, aus der Lösung nehmen und trocknen lassen. Aus roter Blumenmasse mit Hilfe des Multifunktionssets die Einzelteile des Weihnachtssterns ausstechen, mit dem Augenholz auf dem Blumenpad die Ränder ausdünnen und zusammensetzen. Aus grüner Blumenmasse die Ilexblätter ausstechen. Aus 1/1-Marzipan die Einzelteile des Sessels schneiden und antrocknen lassen. Weiße Einschlagmasse auf 2 mm ausrollen, mit dem Quill-Stempel strukturieren und die mit Alkohol angefeuchteten Sesseleinzelteile eindecken. Mit weißer Dekormasse zusammensetzen, den Weihnachtsmann aus rotem Modelliermarzipan modellieren und aufsetzen. Einige Geschenke und Details anfertigen.

FERTIGSTELLUNG

Die Torte weiß eindecken, mit dem Smoother glätten und mit der Silikonform Blätterrand den unteren Rand der Torte garnieren. Oberen Tortenrand mit Powder Icing garnieren. Auf jedes 2. Stück Ilexblätter auflegen, den Baum mit ein wenig Powder Icing befestigen. Den Sessel aufstellen und die Geschenke gefällig verteilen. Kleinen gedruckten Text mit Hilfe des Lebensmitteldruckers herstellen.

Zusammensetzen der Einzelteile des Sessels mit weißer Dekormasse. Unter der Armlehne wird ein kleiner dünner Stab Gelatinezucker befestigt.

Einlegen des Gelatinezuckerbaums in die Zuckerlösung. 3 bis 4 Tage Kristalle wachsen lassen, dann vorsichtig herausnehmen und trocknen lassen.

Dieser drollige Weihnachtswichtel

bringt zwar nur kleine Marzipan-

geschenke, und trotzdem

werden ihn Groß und

Klein lieben.

Schöne Bescherung

Schritt für Schritt

Die Arbeitsschritte der Torte, die Schleifen und die Schneeflocken mit dem Weihnachtscutterset.

Der Weihnachtsmann mit Schuhen und Bekleidung in seinen einzelnen Bestandteilen. Pastillagebaum mit dem Weihnachtsbaumausstecher.

Herstellungsaufwand

★ ★

Zutaten/Material

1 Torte einsetzen
Schokoladeneinschlagmasse
Blumenmasse
brauner Marzipan
Pastillage (Seite 240)
Pastenfarbe
(Holly-Green, Weihnachts-Rot, Schwarz)
etwas Alkohol
Powder Icing

Spezielle Arbeitsgeräte

Weihnachtsbaumausstecher
Schleifenausstecher, klein
Ilexausstecher
Efeuausstecher
Randgarniturausstecher
Kneifer
Weihnachtscutterset für die Schneeflocken
Smoother
Modellierholz Nr. 7

HERSTELLUNG DEKOR

Pastillage grün einfärben, auf einem ebenen Untergrund dünn ausrollen, mit dem Weihnachtsbaumausstecher 2 Bäume ausstechen, über eine Rolle legen und trocknen lassen. Eine kleine Grundplatte unregelmäßig ausschneiden. Nach dem Trocknen die Grundplatte und den Baum mit etwas Powder Icing zusammensetzen und auf die Torte stellen.

Pastillage so dünn wie möglich ausrollen, mit dem Weihnachtscutterset die Schneeflocken ausstechen, jeweils 2 ausgestochene Formen zu einer Flocke zusammensetzen. Dafür eine Schneeflocke mit dem Modellierholz Nr. 7 in der Mitte andrücken und rechts und links hochbiegen. Diese auf der zweiten, geraden Schneeflocke mit Powder Icing befestigen. Rote Blumenmasse anmachen, 1 mm dick ausrollen, die Schleifen ausstechen und zurechtlegen. Grüne Blumenmasse ausrollen und mit den Ilexausstechern und Efeuausstechern Blätter vorbereiten. Päckchen aus verschiedenfarbigem Marzipan herstellen und mit Schleifen schmücken.

HERSTELLUNG WEIHNACHTS-WICHTEL

Den Weihnachtswichtel als sich verjüngenden Strang modellieren, mit schwarz gefärbter Einschlagmasse die Schuhe modellieren, 2 kleine Kugeln formen, in Light-Goldpuder wälzen und auf die Schuhspitzen aufsetzen. Das Hemd aus ausgerollter schwarzer Masse ausschneiden. Aus roter Blumenmasse den Mantel ausschneiden, einen großen Kragen ansetzen und anlegen. Kopf modellieren, rote Mütze aufsetzen und mit weißem Powder Icing den Bart spritzen. Geschenksack aus braunem Marzipan modellieren.

FERTIGSTELLUNG

Schokoladeneinschlagmasse 2 mm dick ausrollen, die eingesetzte Torte eindecken und mit dem Smoother glätten.

Tipp: Beim Ausrollen nur wenig Puderzucker verwenden, da sonst der Zucker sichtbar bleibt.

Die Schokoladenmasse ausrollen und mit dem Randgarniturausstecher den Rand absetzen. Dünnen Strang ausrollen und mit etwas Alkohol um die Torte legen, mit dem Kneifer garnieren. Baum mit der Grundplatte aufstellen, den Weihnachtswichtel mit dem Marzipansack und den Geschenkpaketen vor den Baum stellen. Die Schleifen auf jedes 2. Stück auflegen und mit den Schneeflocken und den Blättern garnieren. Zum Schluss leicht abpudern.

Pop Art

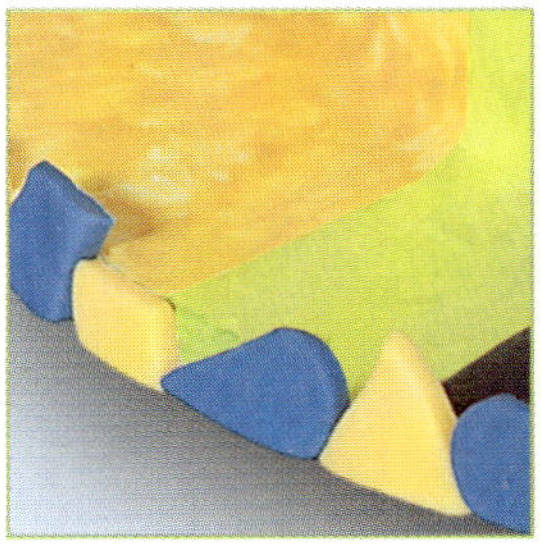

Mancher Geburtstag

muss mit einer besonderen

Torte gefeiert werden.

Für die junge Generation

darf's auch mal etwas bunter

und poppiger sein.

Zutaten/Material

1 Torte Ø 22 cm
1 Tortenplatte Ø 30 cm
etwa 400 g Einschlagmasse, weiß
Puderfarben nach Wunsch
Pastenfarbe (Blau, Gelb)
Alkohol
Weizenpuder
Powder Icing

Spezielle Arbeitsgeräte

Modellierholz Struktur und Schreibholz
Schwamm
Pinsel
Pralinen-Trüffelform
Metallausstecherset
Lineal
Smoother

Herstellungsaufwand

★ ★

HERSTELLUNG

Torte auf die Tortenplatte stellen, die Grundplatte mit Alkohol etwas anfeuchten, Torte und Grundplatte mit Einschlagmasse eindecken. Unter Zuhilfenahme eines kleinen Lineals und des Modellierholzes zuerst die gewünschte Zahl eindrücken, dann die Linien auch über den Rand weiterführen. So anordnen, dass verschiedene geometrische Formen entstehen. Aufpassen, dass die Oberfläche nicht zu stark durchgedrückt wird. Die Torte nach dem Eindecken etwas antrocknen lassen, mit dem Smoother glätten.
Puderfarben mit etwas Alkohol anrühren, durch die Zugabe von Weizenpuder wird die Konsistenz sämiger und dichter, die Farben pastelliger. Mit einem weichen Pinsel die Farbe auftragen, eventuell die Ränder abdecken. Nach dem Auftragen kann die Farbe, die nicht zu dünn sein sollte, mit einem Schwamm oder Pinsel strukturiert werden. Mit blauer und gelber Pastenfarbe Einschlagmasse einfärben und mit dem Metallausstecherset als Tropfen, Quadrat und Dreieck ausstechen, am Rand der Torte mit etwas Powder Icing befestigen.

Schritt für Schritt

Anrühren der Farben und das Auftragen und Strukturieren mit Pinsel und Schwamm.

Ansetzen der ausgestochenen Einschlagmasse mit dem Metallausstecherset.

Hobbythek

Eine Torte mit Schokoladenwerkbank

und Marzipanwerkzeug ist genau

das Richtige für Heimwerker.

Zum 50.Geburtstag

Schritt für Schritt

Das Zusammensetzen der Werkbank mit den Füßen, den Bankzwingen und der Ablage.

Zutaten/Material

- 1 Torte Ø 28 cm
- Einschlagmasse
- Vollmilchkuvertüre
- Modelliermarzipan
- Spezialmasse
- Blumenmasse
- Pastenfarbe (Herbstbraun, Blau)
- Silberpuder
- Fettpapier

Spezielle Arbeitsgeräte

- Randgarniturausstecher
- Schilderausstecher
- Rosenpresse oder Rosenblattausstecher
- Silikon-Blattformer
- Schneiderad
- Modellierholz
- Smoother

Herstellungsaufwand

★★

HERSTELLUNG WERKBANK

Vollmilchkuvertüre temperieren und etwa 1,5 cm stark auf Fettpapier ausstreichen. Die Tischplatte in den Maßen 13 cm lang und 8 cm breit ausschneiden. Vor dem Aushärten der Kuvertüre am hinteren Teil der Tischplatte eine Ablagefläche, etwa 2 cm breit und 1 cm tief, auskratzen. Die Füße 6 cm hoch und 1,5 cm breit, die Schraubzwingen 4 cm lang, 1 cm breit ausschneiden. Werkbank mit Kuvertüre zusammensetzen, Ablageplatte aus Einschlagmasse einfügen. Spezialmasse dünn ausrollen, mit dem Modellierholz strukturieren, mit dem Schneiderad ausschneiden, ein paar Latten, Fenster oder Holzplatten herstellen.

HERSTELLUNG MARZIPANFIGUR

Aus Modelliermarzipan den Körper der Handwerkerfigur modellieren, dazu einen schmaler werdenden Strang ausrollen und das dickere Ende bis auf Beinhöhe einschneiden. Die Figur auf eine kleine Form oder Kiste setzen, die Beine natürlich wirkend abwinkeln. Mit dem Airbrush schminken und mit einer blauen Schreinerschürze bekleiden. Kopf und Arme ansetzen. Einige Werkzeuge wie Säge, Hammer oder Hobel herstellen und auflegen.

HERSTELLUNG TORTE

Die Torte mit eingefärbter, marmorierter Einschlagmasse (siehe Seite 242) eindecken, mit dem Smoother glätten. In kräftigerem Braunton eingefärbte Masse ausrollen, die Randgarnierung, das Schild und die Platte in der Mitte mit dem Schilderausstecher klein ausstechen.
Die Torte mit dem Pinsel etwas am Fuß anfeuchten, die Randgarnierung anbringen. Das ausgestochene Schild Ø 16 cm in der Mitte auflegen und die Hobelbank aufstellen. Mit den Kuvertürebrettern eine Werkstattatmosphäre schaffen. Die Werkzeuge aus Marzipan auflegen und die Figur auf den Tortenrand setzen. Eine Rose aus Blumenmasse (siehe Seite 246) auflegen. Das Schild ebenfalls auflegen und mit geschabter Kuvertüre die Hobelspäne imitieren.

Ferrari
Fiat
Bridgestone

Formel 1

Wer den Boxenstopp an der Kaffeetafel einlegen will,

braucht mindestens eine Formel-1-Torte mit rotem Ferrari.

Herstellungsaufwand

★ ★ ★

Zutaten/Material

1 Torte Ø 35 cm
Pyramide aus Königskuchen, Seitenkante 13 cm
etwa 500 g Modelliermarzipan
Spezialmasse
Gelatinezucker
Powder Icing
etwa 500 g Einschlagmasse
Pastenfarbe (Rot)
einige Palmblätter
Light-Goldpuder
Pastillage
schwarze, braune und gelbe Lebensmittelfarbe

Spezielle Arbeitsgeräte

Modellierhölzer
strukturierte Ausrollwalze
kleines Rollholz
Flaggenausstecher
Airbrush
kleine Schere
Randgarniturausstecher
Efeu-Ausstecher, klein
Impression Mats Holz
Smoother
Pappschablone
Folie oder dünne Dauerbackfolie
Serienring

Schritt für Schritt

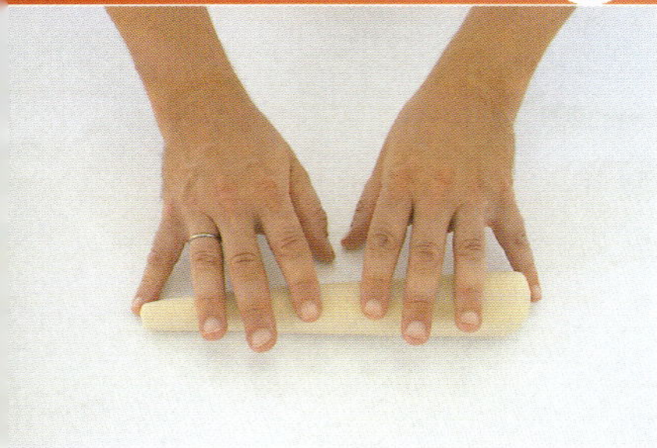

Aus etwa 300 g Modelliermarzipan eine sich leicht verjüngende Rolle formen und etwas flach drücken.

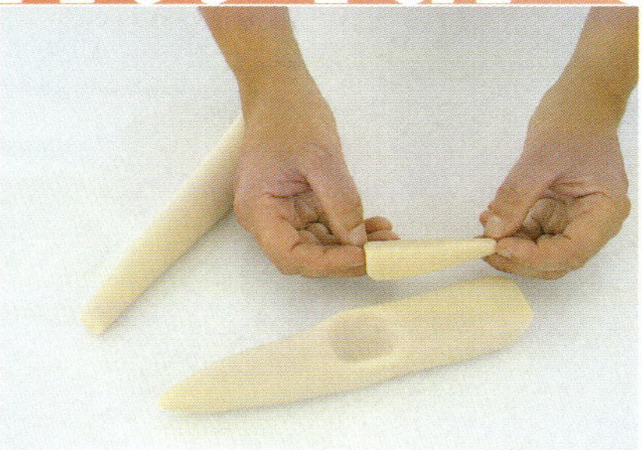

Die Fahrermulde und das hintere Chassisteil ausarbeiten.
Heck schräg abschneiden.

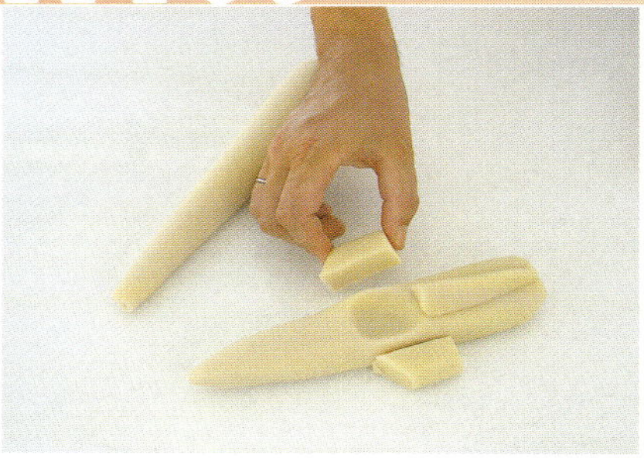

Rolle flach drücken, seitliche Luftansaugung ausschneiden und anbringen.

Aus einer Marzipanrolle Räder fertigen und mit schwarzer Lebensmittelfarbe ansprühen.

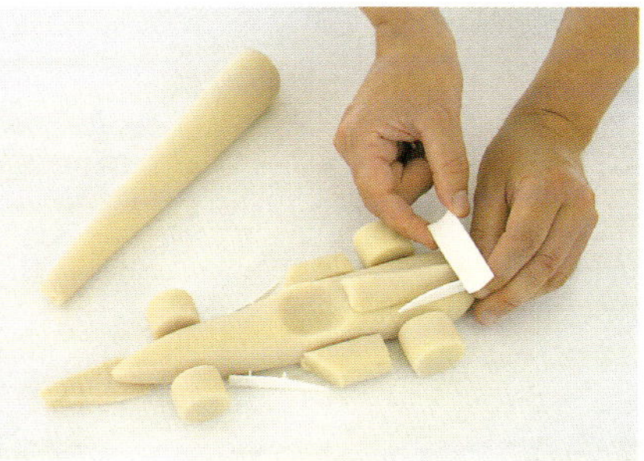

Die Spoiler aus Pastillage ausschneiden, trocknen und ansetzen. Anschließend Ferrari rot ansprühen. Ein paar Werbeträger aus Powder Icing aufspritzen.

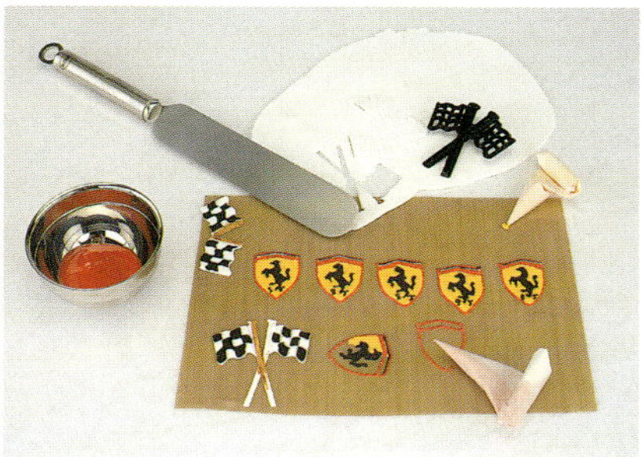

Roten Umriss des Ferrari-Emblems auf Dauerbackfolie spritzen (Vorlage Seite 279), das Pferd mit schwarzer Farbe spritzen, Emblem mit gelber Farbe auslassen. Gelatinezucker dünn ausrollen, mit dem Flaggenausstecher Start- und Zielflaggen fertigen, mit schwarzem Powder Icing Muster aufspritzen.

HERSTELLUNG

Torte nach Kundenwunsch einsetzen, mit weißer Einschlagmasse eindecken, mit dem Smoother glätten. Pyramide aus Königskuchen herstellen, einstreichen, dann mit Dreiecken aus rot eingefärbter, mit der Ausrollwalze strukturierter Einschlagmasse eindecken. Mit den Randgarniturausstechern und weißer und roter Einschlagmasse den Rand garnieren. Mit Hilfe einer selbst angefertigten Pappschablone die Straße auf der Torte schwarz ansprühen. Den Ferrari aufsetzen, die Randgarnierung mit rotem Powder Icing spritzen sowie die Flaggen und Embleme anbringen.

HERSTELLUNG FLAGGE

Aus Gelatinezucker dünnen Stab ausrollen und trocknen lassen, für die Flagge Gelatinezucker dünn ausrollen, in den Maßen 10 cm lang, 6 cm breit ausschneiden und über ein kleines Rollholz oder Ähnliches legen. Boden und Stützen ausstechen. Nach dem Trocknen mit Powder Icing zusammensetzen. Einige Palmblätter ausschneiden (siehe Seite 20).

HERSTELLUNG EMBLEM

Das Ferrari-Emblem in der gewünschten Größe unter Folie oder dünne Dauerbackfolie legen, mit unterschiedlich eingefärbtem Powder Icing spritzen und auslassen. Trocknen lassen.

HERSTELLUNG PALME

Spezialmasse ausrollen, mit Impression Mats Holz strukturieren, einen Streifen ausschneiden, um einen Serienring legen und so Pflanzkübel herstellen. Aus Spezialmasse einen Tropfen formen, mit der Schere ringsum einschneiden. Pflanzkübel mit Vollmilchkuvertüre füllen und den Stamm einsetzen. Mit einem Streifen, goldfarben gepudert, einen Eisenring imitieren. Die geschminkten Palmblätter mit etwas braun gefärbtem Powder Icing ansetzen.

HERSTELLUNG FERRARI

Den Rennwagen, wie in den Schritt-für-Schritt-Bildern ersichtlich, fertigen. Aus etwa 300 g Modelliermarzipan eine spitz zulaufende Rolle formen und mit der Hand leicht flach drücken. Die Fahrermulde formen und das Heck des Renners leicht schräg abschneiden. Aus einem langen Tropfen das hintere Chassisteil formen und anmodellieren. Die seitlichen Luftansaugstutzen ausschneiden und ansetzen. Aus einer Marzipanrolle die Reifen ausschneiden. Aus dünn ausgerolltem Gelatinezucker den Spoiler ansetzen und die seitlichen Luftleitbleche. Mit dem Airbrush das Chassis rot ansprühen, die Reifen schwarz. Powder Icing unterschiedlich einfärben und Werbeschriften am Auto anbringen.

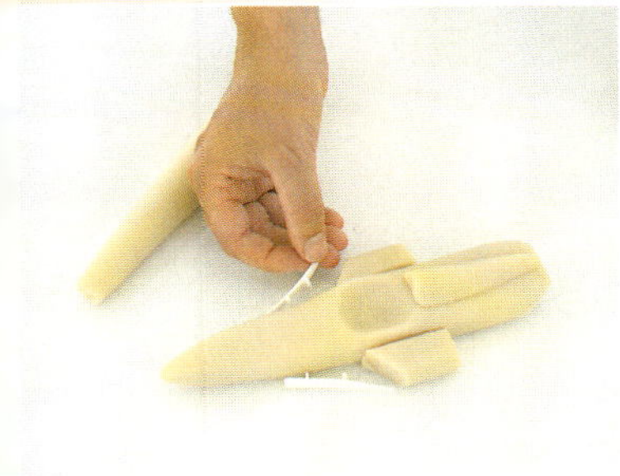

2 Luftleitbleche aus 0,5 mm dick ausgerollter Pastillage fertigen und mit Powder Icing ansetzen.

Spezialmasse 1,5 mm dick ausrollen, einen Streifen um einen Serienring legen. Einen schmalen Streifen Spezialmasse goldfarben pudern und um den Pflanzkübel legen. Einen stumpfen Tropfen formen und mit einer kleinen Schere ringsum einschneiden. Auf Kuvertüre in den Pflanzkübel gesetzt und mit ein paar Palmblättern geschmückt, entsteht eine Palme.

Töf Töf

Garantiert rostfrei und mit viel

Liebe restauriert, zeigt sich dieser

Oldtimer von seiner Schokoladenseite.

Schritt für Schritt

Grundplatte mit angesetzten Rädern, der Motorhaube mit Band und die Einzelteile des Chassis aus Spezialmasse.

Zusammenfügen des Chassis und der vorbereitete Koffer aus Modellierschokolade sowie die Kotflügel.

Zutaten/Material

- 1 Torte Ø 28 cm
- Modelliermarzipan
- Modellierschokolade
- Spezialmasse
- Gelatinezucker
- Königsberger Marzipan
- Powder Icing
- verschiedene Lebensmittelfarben
- Kuvertüre
- Kakaobutter
- Blattgelatine
- weiße Einschlagmasse
- Creme zur Garnierung

Spezielle Arbeitsgeräte

- Herzausstecher
- Randgarniturset
- Blütenausstecher
- Reliefrollholz
- Modellierholz Nr. 5 (Augenholz)
- Spritztülle
- Smoother

Herstellungsaufwand

★ ★ ★

Ansetzen des Koffers mit Kuvertüre.

Auflegen der Kotflügel.

HERSTELLUNG DEKOR

Gelatinezucker anmachen, dünn ausrollen und eine Grundplatte in den Maßen 12 x 5 cm ausschneiden. Aus einem spitz zulaufenden Streifen einen Halbkreis biegen und aus dem restlichen Gelatinezucker feine Streifen schneiden, einen Ring und eine Schleife legen. Diese nach dem Trocknen mit etwas Powder Icing zusammenfügen. Königsberger Marzipan ausrollen, mit einem Reliefrollholz strukturieren, dann die Herzen ausstechen. Modelliermarzipan mit Lebensmittelfarben verschieden einfärben und ausrollen. Mit Blütenausstechern bunte Frühlingsblüten gestalten.

HERSTELLUNG OLDTIMER

Modellierschokolade anmachen (Seite 238), als sich verjüngenden Strang ausrollen, leicht flach drücken und an der breiteren Seite in 9 cm Länge abschneiden. Motorhaube etwas über die Grundplatte ragend anbringen. Aus der Modellierschokolade einen Koffer formen. Spezialmasse anmachen und die Räder formen, dazu 4 gleich große Kugeln formen und etwas flach pressen. Mit dem Modellierholz Nr. 5 (Augenholz) von innen nach außen schräg eindrücken und so den Reifen Profil geben. Mit einer kleinen Spritztülle die Felgen eindrücken und mit dem Augenholz die Schrauben einkerben. Die Spezialmasse 2 mm dick ausrollen, für die Kotflügel 2 Streifen schneiden. Ebenso die Einzelteile für das Chassis.

Die Grundplatte bis zu $^1/_3$ der Radhöhe unterlegen, die Räder mit Kuvertüre ansetzen. Tipp: Beim Ansetzen der Räder die Kuvertüre von der Grundplatte bis auf den Boden spritzen, da dies stabilisiert. Die Motorhaube mit etwas Kuvertüre ansetzen und mit dünnen Bändern aus Spezialmasse schmücken. Die Schlaufen aus dünn ausgerollter Spezialmasse legen. Die einzelnen Komponenten für das Chassis ausschneiden und mit Kuvertüre zusammensetzen. Auf die Räder etwas Kuvertüre spritzen und die Kotflügel auflegen, in der Mitte sollten sie auf der Grundplatte anliegen. Kotflügel, Lampen und Luftansaugstutzen aus Spezialmasse formen und ansetzen, den Koffer mit Bändern schmücken und mit Kuvertüre befestigen. Aus Modellierschokolade einen Strang ausrollen sowie mit einem Modellierholz etwas eindrücken und als Faltdach auflegen. Mit Modellierschokolade einen Sitz formen und einlegen. Kuvertüre mit Kakaobutter verdünnen, das Auto absprühen, eine Scheibe aus Blattgelatine ansetzen und diese mit Kuvertüre befestigen.

FERTIGSTELLUNG

Torte nach Kundenwunsch einsetzen, mit weißer Einschlagmasse eindecken, mit dem Smoother glätten und einteilen. Grün eingefärbten Modelliermarzipan 2 mm dick ausrollen, mit den Randgarniturausstechern Bordüre ausstechen, damit den Tortenrand schmücken. Mit Creme eine Stückgarnierung aufspritzen, auf jedes 2. Stück ein Königsberger-Marzipan-Herz auflegen und mit den Blumen den Tortenrand und die Stücke garnieren. Den Oldtimer sowie den Gelatinezuckerring mit Schleife aufsetzen.

BG
Unser Betriebsausflug
war wie immer ein
Volltreffer!

Betriebsausflug

Ein galaktisch schöner

Betriebsausflug ist ein guter

Anlass für ein süßes

Dankeschön an den Chef.

Zutaten/Material

1 Torte Ø 35 cm
1 Kuvertürekugel
Einschlagmasse
Modelliermarzipan
Pastenfarbe (Baby Blue)
Flüssigfarben (Gelb, Braun, Rot, Schwarz)
etwa 200 g Gelatinezucker
Blumenmasse
Powder Icing
kleine Spritztüllen
Kuvertüre

Spezielle Arbeitsgeräte

Kuvertürehohlform Fußball Ø 23 cm
Kunststoffrollholz
Randgarniturausstecher
Airbrush

Herstellungsaufwand

★★

Schritt für Schritt

Kuvertürehohlform Fußball dünn ausgießen, auskühlen lassen, dann aus der Form nehmen. Kuvertürekugel mit Ringen aus Modelliermarzipan aufbauen und mit Kuvertüre befestigen. Marzipan 2 mm dick ausrollen, mit dem Kunststoffrollholz über die Kugel legen und andrücken.

Die Einzelteile der Rakete aus Gelatinezucker. Eine Röhre mit Boden und die Raketentriebwerke.

HERSTELLUNG DEKOR

Kuvertürehohlform Fußball dünn ausgießen, auskühlen lassen, dann aus der Form nehmen. Für die Rakete Gelatinezucker 1,5 mm dick ausrollen, einen etwa 8 cm breiten Streifen schneiden, über eine Röhre legen und die Enden mit Powder Icing verbinden. Boden für die Rakete ausstechen, trocknen lassen, mit Powder Icing an der Rakete anbringen. Kleine Spritztüllen als Raketendüsen mit Gelatinezucker ummanteln, trocknen lassen, mit dem Airbrush braun schminken und mit Powder Icing auf dem Boden der Rakete befestigen. Kuvertürekugel mit Ringen aus Modelliermarzipan aufbauen und mit Kuvertüre befestigen. Marzipan 2 mm dick ausrollen, mit dem Kunststoffrollholz über die Kugel legen und andrücken. Falls der Marzipan reißt, einfach nachmodellieren, denn der Mond soll ja zerklüftet aussehen. Mit schwarzer und brauner Lebensmittelfarbe mit dem Airbrush schminken.

HERSTELLUNG FIGUREN

Die kleinen Ärzte aus weißer Blumenmasse modellieren, dazu kleine Stränge einschneiden bis in Beinhöhe. Mit dünn ausgerollter Blumenmasse die Arztkittel ausschneiden und anlegen. Arme anmodellieren, mit kleinen Händen und den Köpfen fertig stellen. Figuren mit Schals, bunten Haaren, Rucksäcken und anderen Details vollenden und in die Kraterlandschaft einfügen.

FERTIGSTELLUNG

Stabile Torte einsetzen und mit blau eingefärbter Einschlagmasse eindecken. Das Gradnetz mit Powder Icing, von der Mitte nach außen versetzt, aufspritzen. Den Pol aus weißer Einschlagmasse auflegen. Aus ausgerollter Blumenmasse mit dem Randgarniturausstecher den Tortenrand schmücken und das Schild ausstechen. Den Mond mit Kuvertüre auf der Torte befestigen und mit der Rakete und den kleinen Figuren aus Blumenmasse schmücken.

Süßes Handwerk

Das Konditorenhandwerk als süßes Baugewerbe mit Richtkranz und Kran. Zucker wird mit dem Betonmischer angemacht, der Kran aus Gelatinezucker transportiert die süßen Zutaten, und der Boden wird mit Einschlagmasse eingedeckt. Eine ideale Hochzeitstorte für alle, die ihre Liebe als zuckersüße Baustelle sehen.

Betreten der Baustelle
für Kinder erwünscht
Prost
Engel
Zucker
Annika
Ute
Michaela

Die einzelnen Arbeitsschritte für die Marzipankonditoren, von der Grundform aus 1/1- Marzipan bis zu den fertig bekleideten Konditoren. Die Hosen mit schwarzer Lebensmittelfarbe leicht absprühen. Die Schaufel besteht aus einer dünnen Stange Gelatinezucker mit einem kleinen silbern kolorierten Stück Gelatinezucker. Leicht angefeuchteter Kristallzucker ist das Arbeitsmaterial. Säge und Säcke sind aus Marzipan.

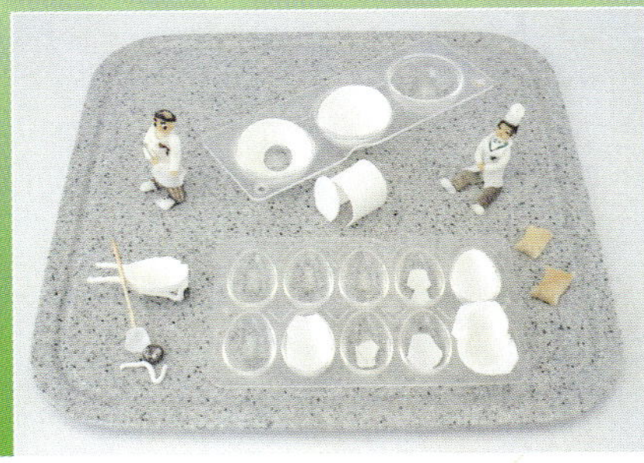

Einzelteile des Betonmischers aus Gelatinezucker: Die Trommel des Betonmischers besteht aus zwei Halbkugeln mit ø 6,5 cm. Für den Motor 1 Streifen Gelatinezucker, über einen Petits-Fours-Ausstecher gelegt, und eine Ausstecherform als Maschinendeckel. Mit einem ausgerollten Strang den Griff und die Stützen sowie die Radhalterung legen und trocknen. Die Schubkarre ist aus dünnem Gelatinezucker, in einer kleinen Eiform getrocknet.

Die Bildfolge zeigt die Kran-Seitenteile in verkürzten Proportionen. Zusammensetzen der Einzelteile des Krans mit Powder Icing. Das Seitenmaß – 4 cm breit – einhalten. Vorbereitete Grundplatte 18 cm lang, 15 cm breit.

Herstellungsaufwand

★★★★★

Zutaten/Material

5 Torten mit Ø 28/22/18/14/12 cm
Einschlagmasse
Blumenmasse
Pastenfarbe (Eigelb)
Flüssigfarben (Gelb, Braun, Grün, Rot, Schwarz, Blau, Silber)
Gelatinezucker
Spezialmasse
Marzipan
weiße Blumenmasse
Powder Icing
Kuvertüreformen

Spezielle Arbeitsgeräte

Impression Mats
Airbrush
Modellierbesteck
Hochzeitstortenständer, 5-stöckig, gedreht
Sieb
Lineal
Randausstecher
Pizzarad
Dekorausstecher
Spritztütchen
Smoother
kleine Eiform
Petits-Fours-Ausstecher

Schritt für Schritt

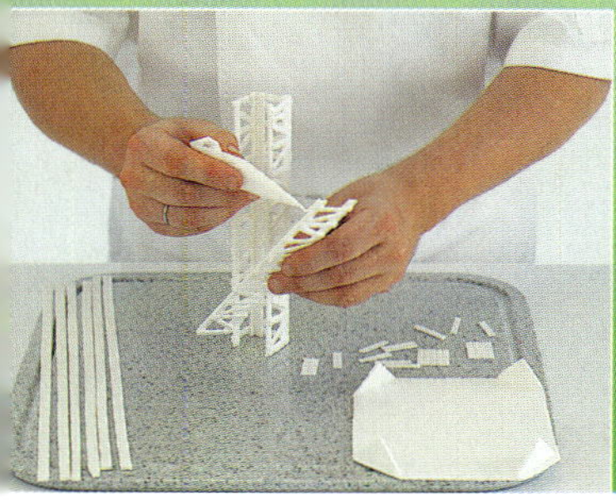

Zusammensetzen der getrockneten Kranteile mit Powder Icing.

Die fertigen, bereits geschminkten Einzelteile des Krans mit der Grundplatte und dem Einschub. Da der Kran aus Transportgründen steckbar sein sollte, muss das Gegengewicht am Ausleger den Kran in der Waage halten.

Dreiecke aus Gelatinezucker auf der Kanzel stabilisieren den Ausleger. Die Spitze auf dem Ausleger besteht aus 4 Streifen Gelatinezucker, an der Spitze zusammengefügt und mit Querträgern versehen.

HERSTELLUNG

Maße des Krans

Höhe des Krans bis Kanzel: 57 cm

Höhe des Krans mit Kanzel: 63 cm

Ausleger: 68 cm lang, 3,5 cm breit, dreieckig

Höhe Spitze: 13 cm

Kran-Seitenteile: 4 cm breit

Grundplatte: 18 cm lang, 15 cm breit

Einschub und Stütze: 5 cm lang, 5 cm breit, 4 cm hoch

Streben für den Kran: 4,5 cm lang

Mit den Impression Mats 2 mm dick ausgerollten Modelliermarzipan strukturieren.

Den Marzipan über die eingesetzte Torte legen und leicht andrücken.

Den angedrückten Marzipan mit dem Airbrush kolorieren, die eingefärbte Einschlagmasse bis knapp über den Marzipan legen und dann zur Rolle legen. Am Rand mit dem Smoother glätten.

HERSTELLUNG KRAN

Gelatinezucker 2 mm dick ausrollen, mit dem Pizzarad 8 Streifen von 57 cm Länge, 4 Streifen von 68 cm Länge sowie etwa 300 Streben, 4,5 cm lang, für den Kran schneiden. Die 4 Seiten des Krans getrennt bauen, dafür aus je 2 langen Gelatinezuckerstreifen und etwa 48 Querstreben ein Kranmuster mit Powder Icing zusammenbauen und trocknen lassen. Dann die 4 gleichartigen Seitenteile zu einem Quader zusammenfügen. Die Grundplatte aus 3 mm dick ausgerolltem Gelatinezucker in den Maßen 18 cm lang, 15 cm breit ausschneiden. Die Kranführerkanzel so zurechtschneiden, dass sie am oberen Ende des Krans anliegt und sich nach vorne zum Ausleger hin erweitert. Die Kanzel mit Powder Icing auf dem Kran befestigen und mit schmalen Streifen Gelatinezucker unterhalb der Kanzel ringsum weiter stabilisieren.

Auf das Dach der Kanzel aus Gelatinezucker eine Führung für den Aufleger anbringen. Dafür Dreiecke aneinander setzen und mit Powder Icing befestigen. Am unteren Ende des Krans starke Gelatinezuckerplatten ringsum mit Powder Icing fixieren und trocknen lassen. Diese dienen später zur Stabilisierung des Krans, wenn er in die Führung der Grundplatte eingesetzt wird. Auf die getrocknete Grundplatte den Kran vorsichtig aufstellen und mit 6 mm dick ausgerollten Gelatinezuckerplatten umstellen, diese mit Powder Icing auf der Grundplatte befestigen und an den Ecken mit kleinen Dreiecken verstärken. Vorsicht, dass kein Powder Icing in die Führung gerät, denn der Kran muss aus Transportgründen steckbar sein! Aus den 4 etwa 68 cm langen Gelatinezuckerstreifen mit den 4,5 cm langen Streben die beiden Seitenteile des Auslegers aneinander fügen und nach dem Trocknen mit Powder Icing zu einem Dreieck zusammensetzen. Mit einzelnen Querstreben und einem dünnen Streifen Gelatinezucker, auf der oberen Kante angebracht, stabilisieren. Den Ausleger auf den Kran auflegen, das Gegengewicht aus Gelatinezuckerplatte mit Marzipan und Gelatinezuckerstreifen am Ende des Auslegers ansetzen. Wenn der Kran im Gleichgewicht ist, an die richtige Stelle 4 Streben auf dem Ausleger anbringen, mit Powder Icing verbinden, die Kranspitze ansetzen und mit Querstreben festmachen.

Der fertige Richtkranz und seine Einzelteile: Stange und Ring sowie 2 U aus Gelatinezucker ergeben den Richtkranz. Der Ring und die U werden nach dem Befestigen mit dem Airbrush abgesprüht. Mit durch ein Sieb gedrücktem Marzipan schmücken. Bunte Bänder aus fein geschnittener Blumenmasse befestigen.

HERSTELLUNG BAUZAUN

Gelatinezucker 1,5 mm dick ausrollen, Rechtecke schneiden, mit dem Modellierholz Nr. 8 Bretter andeuten, Querverstrebungen anbringen und mit dem Airbrush braun schminken. Mit gefärbtem Powder Icing den Bauzaun „beschmieren“, mit dem Airbrush Effekte aufspritzen.

HERSTELLUNG „STILLES ÖRTCHEN“

Aus ausgerollter Spezialmasse einzelne Streifen schneiden und mit dem Modellierholz eine Holzstruktur geben, diese in geringem Abstand nebeneinander legen, mit Querverstrebungen befestigen. Auf diese Art 3 Seitenteile, Dach und Tür fertigen. Aus der Tür mit dem Dekorausstecher ein kleines Herzchen ausstechen. Stilles Örtchen mit Kuvertüre zusammenbauen. Vor dem Einbau der Tür einen Toilettensitz im Häuschen anbringen. Die Tür mit einem dünnen Band aus Spezialmasse und etwas Kuvertüre befestigen. Abschließend Häuschen mit dem Airbrush braun schminken.

HERSTELLUNG RICHTKRANZ

Lange Stange aus Gelatinezucker ausrollen, Ring aus Gelatinezucker bereitlegen und 2 lange U aus Gelatinezucker ausrollen. Grundplatte und Stützen zurechtschneiden. Stange auf der Grundplatte mit Stützen befestigen, Ring und die beiden U auf dem Tisch mit Powder Icing verbinden, Platz für die Stange lassen. Nach dem Trocknen an der Stange mit braunem Powder Icing befestigen. Mit grünem Marzipan, durch das Sieb gedrückt, den Richtkranz schmücken. Bunte Bänder ausschneiden, zusammenfassen und am Kranz anbringen.

FERTIGSTELLUNG

Torten einsetzen, die 2. für die Baugrube etwas aushöhlen, mit Marzipan auskleiden und mit Einschlagmasse eindecken. Die Einschlagmasse über dem Loch wieder ausschneiden. Aus weißer Einschlagmasse und den Randgarniturausstechern die Tortenrandbordüre ausstechen, unten an den Tortenrand ansetzen, oben etwas abstehen lassen. Den oberen Tortenrand mit einem Spritztütchen und Powder Icing garnieren.

"Wer sich von uns nicht beliefern läßt,
muß schon verteufelt gut kochen
ALLINGER'S
PARTY— SERVICE

Allingers Party-Service

Mit Logo, Schrift und Kreativität entstehen hier Torten, die sicher zum Höhepunkt geschäftlicher Veranstaltungen zählen.

Zutaten/Material

1 rechteckige Torte in den Maßen
47 cm lang, 31 cm breit
etwa 500 g Einschlagmasse
Blumenmasse
500 g Fondant
Spritzschokolade
Modelliermarzipan
Gelatinezucker
Silberpuder
Pastenfarben (Baby Blue, Rot, Gelb)
Powder Icing
Dekorbrandmasse
Happiolamasse

Spezielle Arbeitsgeräte

Randgarniturausstecher
Schleifenausstecher
Buchstabenausstecher
Airbrush
runde Form
Serienringe
Halbkugelformen
Spritztütchen
Röhre

Herstellungsaufwand

★ ★ ★

Schritt für Schrit

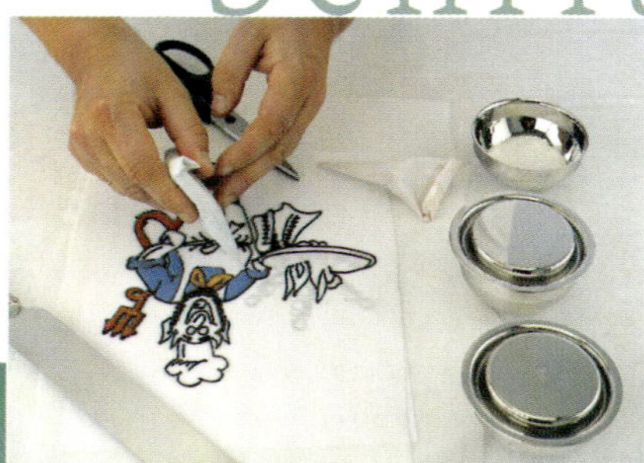

Auslassen der vorgespritzten Vorlage mit Fondant. Den gespritzten Teufel erst auf der Torte auslassen, wenn diese auf der Tortenplatte steht. Legt man die Figur erst nach dem Auslassen auf oder hebt die Torte auf die Platte, entstehen leicht Risse.

Herstellung der Töpfe: Ausgerollten Gelatinezucker um eine Röhre legen, Enden mit Powder Icing verbinden. Herstellung der Deckel: Kreis ausstechen, in eine Halbkugelform legen und trocknen lassen. An Töpfen und Deckeln Griffe anbringen.

HERSTELLUNG TORTE

Torte mit weißer Einschlagmasse eindecken, mit den Randgarniturausstechern und zart blauer Masse den Rand schmücken. Mit den Buchstabenausstechern die gewünschten Buchstaben ausdrücken.

HERSTELLUNG TÖPFE

Gelatinezucker ausrollen, 1 mm breite Streifen schneiden, um eine runde Form legen, die Enden mit etwas Powder Icing verbinden. Schmale Streifen als Griffe mit Powder Icing anbringen. Mit Serienringen Deckel ausstechen und in Halbkugelformen zum Trocknen einlegen. Nach dem Trocknen Griffe an die Deckel anbringen.

HERSTELLUNG TEUFEL

Blumenmasse so dünn wie möglich ausrollen und auf die Vorlage legen. Konturen mit Spritzschokolade spritzen, den dünnen Bogen auf die Torte legen. Fondant mit etwas Wasser auf dem Gas oder in der Mikrowelle erwärmen und mit einem Spatel durcharbeiten. (Achtung: Nicht zu heiß und nicht zu dünn machen.) Den erwärmten Fondant in Tassen füllen und färben. In Spritztütchen einfüllen und die Vorlage in den gewünschten Farben auslassen.
Tipp: Den gespritzten Teufel erst auslassen, wenn die Torte auf der Tortenplatte steht. Legt man die Figur erst nach dem Auslassen auf oder hebt die Torte auf die Platte, entstehen leicht Risse.

HERSTELLUNG MARZIPAN

Mit Modelliermarzipan einen Hummer, einen Octopus und ein Schwein modellieren, Gemüse, Früchte und Käse herstellen. Für das Schwein eine Tropfenform modellieren, die Spitze als Schnauze herausmodellieren und einschneiden. 2 Marzipankugeln als Füße, 2 kleine Tropfen als Ohren. Für die Krake 3 lange Arme ausrollen, über Kreuz legen, eine Tropfenform modellieren, in die Mitte setzen, mit den Modellierhölzern das Gesicht eindrücken und eine Mütze aufsetzen. Der Hummer ist eine lange Tropfenform, die mit schmalen überlappenden Bändern den typischen Hummerschwanz erhält. 2 Scheren sowie die Beine ansetzen und rot mit dem Airbrush schminken. Aus roter Blumenmasse mit dem Schleifenausstecher die Schleifen ausstechen und zusammenlegen. Dreizack aus Dekorbrandmasse und Happiolamasse spritzen und backen.

Bärenpicknick

Geburtstagskinder haben

sicher nichts dagegen,

wenn Bären auf ihrer Torte

zum Picknick einladen.

Herstellungsaufwand

★★★★★★

Zutaten/Material

1 rechteckige Torte in den Maßen
54 cm lang, 37 cm breit
Aufsatz nach Wunsch
etwa 500 g Spezialmasse
Königsberger Marzipan
Einschlagmasse
200 g Modelliermarzipan
weiße Dekormasse
Kakaobutter
Felsenzucker
Blumenmasse
Spritzschokolade
Pastenfarben
Flüssigfarben (Grün, Braun, Gelb, Apricot)
Powder Icing
Pastillage
Überraschungsei-Hälfte
etwas Kuvertüre
Tragant

Spezielle Arbeitsgeräte

Modellierhölzer
Wildrosenausstecher
Rosenblattausstecher und Former
kleiner ovaler Metallausstecher für Blätter
Silikonblattformer
Messer
Tortenplatte in den Maßen 60 cm lang, 40 cm breit
Randgarniturausstecher
Pinzette
Airbrush
Blumenpad
Trüffel-Pralinenformen
Smoother
Modellierbesteck

Schritt fü

Einen sich verjüngenden Strang aus Spezialmasse ausrollen und mit Hilfe der Modellierhölzer eine rindenartige Struktur geben.

HERSTELLUNG BAUM

Spezialmasse herstellen, den Baumstamm aus einem sich verjüngenden Strang mit der Hand ausrollen. Mit dem Modellierholz strukturieren, den Baum leicht in sich gegeneinander drehen. Mit dem Messer unten und oben etwa 5 cm einschneiden. Den Baum aufstellen, die Wurzeln ausbreiten und weiter verfeinern. Die oberen Einschnitte nur leicht auseinander legen. Ein Gesicht eindrücken. Aus Spezialmasse Zweige fertigen, ausrollen und einschneiden. Nach dem Trocknen die Zweige mit fest gehaltenem Powder Icing befestigen, dabei mit Flaschen oder ähnlichem abstützen. Nach dem Trocknen den Baum mit dem Airbrush leicht braun nachschminken.

HERSTELLUNG GRUNDPLATTE

Weiße Spezialmasse 3 mm dick ausrollen und die Grundplatte ausschneiden, nach dem Trocknen mit weißer Dekormasse (verdünnt mit Kakaobutter) absprühen oder mit dem Pinsel abtupfen.

HERSTELLUNG BLÄTTER

Pastillage 0,5 mm dick ausrollen, Blätter mit einem kleinen Metallausstecher ausstechen, auf einem Silikonblattformer strukturieren (leicht biegen) und trocknen lassen. Nun grün und braun mit der Airbrush schminken. Mit einer Pinzette die Blätter von innen nach außen mit braunem Powder Icing anbringen.

HERSTELLUNG FELSENZUCKER

Felsenzucker nach Rezept (Seite 239) kochen, abkühlen lassen, zurechtschneiden und mit dem Airbrush ansprühen.

Schritt

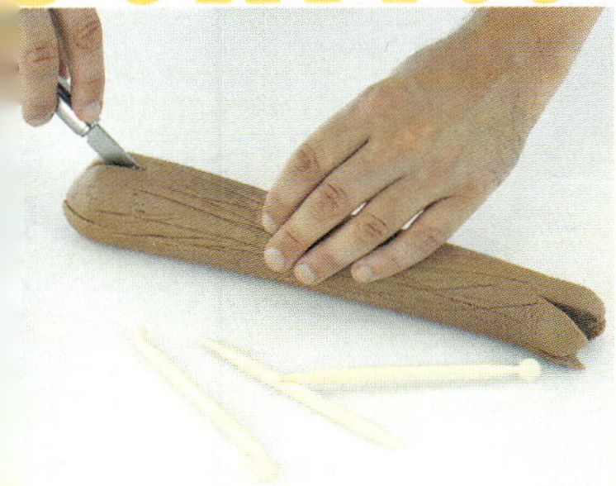

Baumstamm am unteren dickeren Ende über Kreuz einschneiden. Oben weniger stark einschneiden.

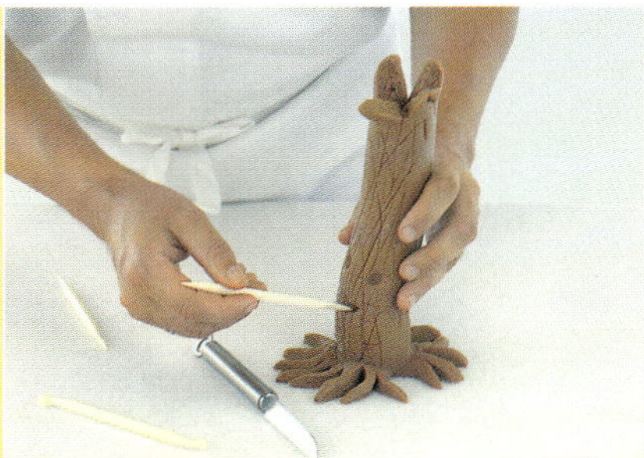

Baum aufstellen, Wurzeln ausbreiten, weiter einschneiden und Wurzeln anordnen. Achtung: Der Baum muß noch einige Zeit abgestützt werden. Dem Baum mit dem Modellierbesteck ein Gesicht geben.

Die getrockneten Äste aus Spezialmasse werden mit einer Mischung aus Powder Icing mit Tragant befestigt. Achtung: Äste abstützen und etwas antrocknen lassen!

HERSTELLUNG BLUMEN UND BLÄTTER

Blumenmasse 1,5 mm dick ausrollen und die Wildrosen ausstechen. Mit dem Modellierholz Nr. 5 (Augenholz) die Ränder der Blütenblätter auf dem Blumenpad von außen nach innen streichen und ausdünnen. Blüten in Trüffel-Pralinenformen trocknen lassen, dann leicht apricot absprühen. Stempel aus gelb gefärbtem, durch ein Sieb gestrichenem Marzipan anbringen. Blätter aus grüner Blumenmasse ausstechen und mit dem Silikonblattformer strukturieren.

HERSTELLUNG TORTE

Die Torte nach Wunsch mit grün eingefärbtem Modelliermarzipan eindecken, mit dem Smoother glätten. Die obere Torte aus einer Kapsel frei ausschneiden, als oberes Maß die Vorlage der Grundplatte benutzen. Ebenfalls grün eindecken und aufsetzen. Mit dem Airbrush mit grüner und brauner Farbe nachschminken.

HERSTELLUNG RANDGARNIERUNG

Aus Königsberger Marzipan (Gütemarzipan 1000 g Rohmasse, 100 g Puderzucker) mit dem Randgarniturausstecher ausstechen, antrocknen lassen und im Ofen abflämmen. Noch warm um die Ränder legen, mit etwas Powder Icing ansetzen.

Blätter mit einer Mischung aus Powder Icing mit Tragant von innen nach außen an die Äste ansetzen. Tipp: Arbeiten Sie mit einer Pinzette, oder machen Sie die Blätter etwas größer, was entschieden einfacher und schneller geht.

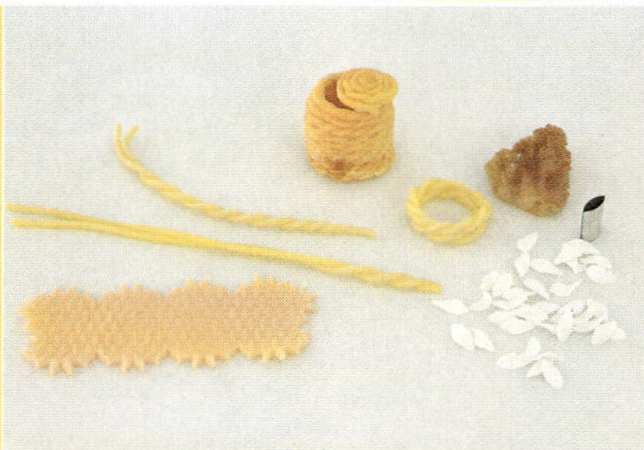

In einem Bild zusammengefasst: die Herstellung eines Bienenkorbs aus Blumenmasse und Marzipan, das Ausstechen der Pastillageblätter, die später grün und braun angesprüht werden. Auch zu sehen der Felsenzucker (Rezept Seite 239) und der ausgerollte Marzipan für das Schild.

Die Einzelteile einer Wildrose.

HERSTELLUNG BIENENKÖRBE

Aus gleichen Teilen Marzipan und Einschlagmasse eine Masse herstellen, leicht gelb einfärben, dünne Stränge ausrollen, zur Kordel drehen und zu einem Bienenkorb zusammensetzen.
Kleiner Tipp: Die Hälfte eines Überraschungseis als Form benutzen.

HERSTELLUNG TISCH

Spezialmasse 2 mm dick ausrollen, einzelne Bretter schneiden, strukturieren und zu einem rustikalen Tisch für die Bienenkörbe zusammensetzen.

HERSTELLUNG BÄREN

Aus Modelliermarzipan eine Tropfenform modellieren und aufstellen. Eine lange Tropfenform ausformen und das dünne Ende als Füße etwas nach oben biegen. Krallen mit dem Modellierholz eindrücken. Am Körper ansetzen. Etwas kleinere längliche Tropfenformen als Arme ansetzen und andrücken. Den Kopf als kurzen Tropfen gestalten, unterhalb der Spitze für den Mund einschneiden. 2 kleine Kugeln formen und mit dem Modellierholz Nr. 5 als Ohren andrücken, die Augen eindrücken und eine kleine Kugel als Schwänzchen ansetzen. Die Figuren liegend und sitzend oder spielend modellieren.

HERSTELLUNG HAUPTSTÜCK (BAUM)

Den mit dem Airbrush kolorierten Felsenzucker mit etwas Kuvertüre auf der Grundplatte anbringen, den Baum ebenfalls mit Kuvertüre befestigen und mit durch ein Sieb gedrücktem grünem Marzipan Gras zwischen den Wurzeln anbringen. Die grün geschminkten Pastillageblätter mit braunem Powder Icing ansetzen. Aus Blumenmasse eine dünne Decke ausschneiden, schminken und auflegen. Die Bärchen und eine kleine Torte auf dieser befestigen. Mit den Wildrosen und den Blättern garnieren, Schild auflegen und restliche Bärchen befestigen.

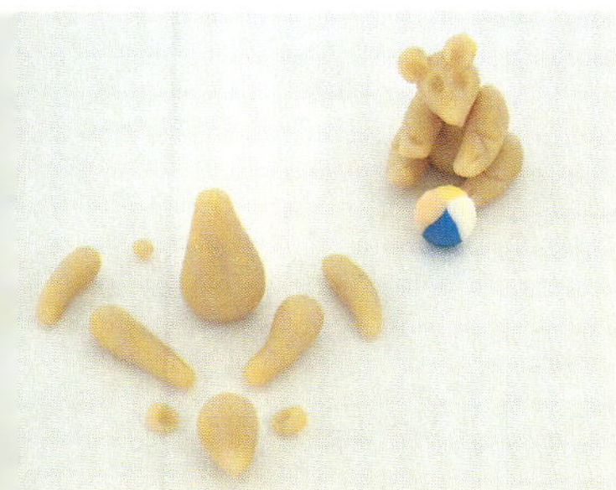

Die Einzelteile eines kleinen Bären, aus 25 g Marzipan gefertigt.
Gut zu sehen: Die Grundform ist immer ein Tropfen.

Ying und Yang

Die Tortenhälften Ying und Yang als Sinnbild für Einklang und Harmonie können Symbole für den Beginn einer wunderbaren Freundschaft sein.

VIEL
GLÜCK

Zutaten/Material

2 Torten in Tropfenform, gebogen
1 Grundplatte Ø 30 cm
Einschlagmasse
Pastenfarbe (Gelb und doppelt konzentriertes Rot)
Powder Icing
Light-Goldpuder

Spezielle Arbeitsgeräte

Metallringe in Tropfenform (Komma)
Vorlage Schrift (Seite 262)
Vorlagen Glückssymbol (Seite 263)
Einpack- oder Dauerbackfolie, dünn
Smoother

Herstellungsaufwand

★ ★

HERSTELLUNG

2 Torten in gebogene Tropfenformen (Komma) einsetzen, mit gelb bzw. rot eingefärbter, ausgerollter Einschlagmasse eindecken und mit dem Smoother glätten. Die Tortenplatte leicht anfeuchten und ebenfalls mit gelber, ausgerollter Einschlagmasse eindecken. Aus den Resten dünne Streifen schneiden, einen roten Streifen am unteren Tortenrand der gelben Torte befestigen. Dementsprechend einen gelben Streifen an der roten Torte anbringen. Beide Torten auf eine Tortenplatte stellen. Mit gefärbtem Powder Icing einen farblich passenden Perlrand am unteren Tortenrand spritzen.

Powder Icing gelb und rot einfärben, die Vorlagen des Glückssymbols und der Kraniche (Seite 263) sowie der Schrift unter dünne Einpackfolie oder Dauerbackfolie legen, die Ränder vorspritzen, auslassen und trocknen lassen.

Tipp: Um das Trocknen zu beschleunigen, Teile unter eine gewöhnliche Lampe legen (Achtung: keine Wärmelampe!). Gelbes Glückssymbol nach dem Trocknen mit Light-Goldpuder kolorieren. Symbole mit Powder Icing auf den Torten befestigen.

Schritt für Schritt

Spritzen und Auslassen der Symbole mit Powder Icing in der Run-Out-Technik.

Alpina

Für die Öffentlichkeitsarbeit von Betrieben oder zu Firmenjubiläen wird selbst der ausgefallenste Wunsch als Torte verwirklicht. Hier ist es der essbare Alpina-Deckweiß-Eimer, der als origineller Aufsatz eine dreieckige Torte krönt.

Alpina
Alpina
Deckweiß
Die erste Innenfarbe im Öko-Pack
10 L
Deckweiß
im Öko-Pack
10 L
schneeweiß
hochdeckend
waschbeständig
Vielen Dank für die gute
Zusammenarbeit

Schritt für Schritt

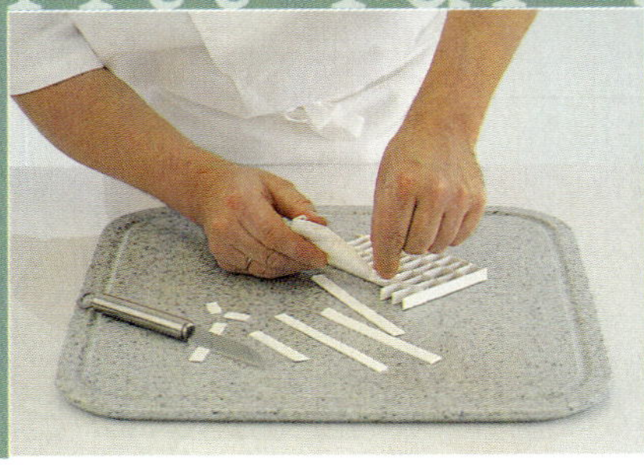

Gitter aus Gelatinezuckerstreifen mit Powder Icing zusammensetzen.

Die auf eine Ausrollwalze eingerollte Einschlagmasse wird über die zusammengesetzte Kapsel gerollt.

Zutaten/Material

1 3-eckige Torte in den Maßen
38 cm lang, 31 cm breit
Kapsel in den Maßen
13,5 cm lang, 10 cm breit, 11 cm hoch
etwa 400 g Einschlagmasse
Zartbitter- und Vollmilchkuvertüre
500 g Gelatinezucker
Lebensmittelfarbe, flüssig
(Gelb, Grün, Orange, Rot)
Blumenmasse
Powder Icing
weiße Dekormasse
Spritzschokolade
Silberpuder

Spezielle Arbeitsgeräte

Airbrush
Randgarniturausstecher
Spritztütchen
Herzausstecher, klein
Messer
Blumenausstecher Osterglocke
Smoother
Ausrollwalze

Herstellungsaufwand

★★★★

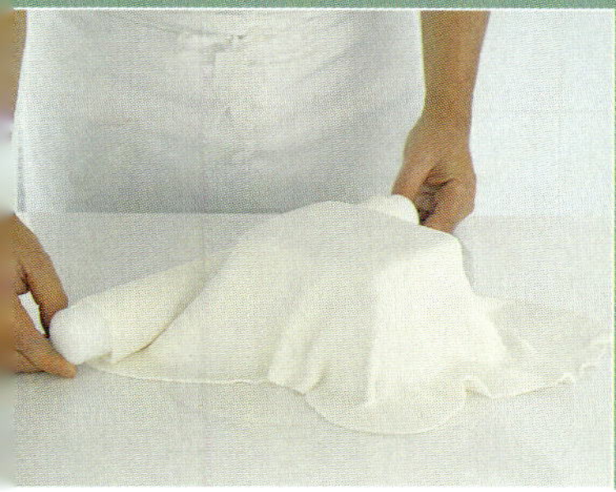

Für das glatte Eindecken Einschlagmasse etwas auseinander ziehen, mit den Handkanten an die Torte andrücken, falls Falten entstehen, wieder etwas auseinander ziehen und glatt andrücken. Mit dem Smoother glätten.

Die benötigten Einzelteile auf einen Blick: Farbeimer, Kuvertüregitter, gelb gefärbte Einschlagmasse, Trageriemen aus Gelatinezucker und die halbierten Kreise.

HERSTELLUNG FARBEIMER

Gelatinezucker 1,5 mm dick ausrollen und 1 cm breite Streifen schneiden, trocknen lassen, dann mit Powder Icing zu einem Gitter zusammensetzen. Gitterrand anbringen, 2 Laschen ausschneiden, aber noch nicht ansetzen. Alles nach dem Trocknen mit dem Airbrush in Orange mit einer kleinen Menge Rot schminken. Einen längeren Gelatinezuckerstreifen über einen Kessel oder eine Rolle legen. Kapsel in den Maßen 13,5 cm lang, 10 cm breit, 11 cm hoch zusammensetzen, abkühlen lassen, mit Einschlagmasse eindecken und mit dem Smoother glätten. Powder Icing in den gewünschten Farben anmachen, das Logo, den Schriftzug und alle weiteren Dekorbestandteile liegend spritzen und auslassen.

HERSTELLUNG DEKOR

Mit dem Blumenausstecher Osterglocke zwei Blumen herstellen. Aus temperierter Zartbitter- und Vollmilchkuvertüre sowie weißer Dekormasse Gitter spritzen, abkühlen lassen, dann mit einem erwärmten Messer Dreiecke in den Maßen 4 cm breit, 5 cm hoch ausschneiden.

FERTIGSTELLUNG

Einschlagmasse zart gelb färben, die Torte eindecken und mit dem Smoother glätten. Stärker eingefärbte Masse 2 mm dick ausrollen und Kreise, Herzen sowie Schild ausstechen. Die Kreise halbieren und abwechselnd mit den Kuvertüredreiecken am Rand der Torte anbringen. Mit Spritzschokolade Randgarnierung spritzen, mit weißer Dekormasse auslassen. Den Eimer aufsetzen, mit dem Gelatinezuckergitter toppen, die beiden Laschen anbringen und den Haltegriff mit Powder Icing ansetzen und etwas abstützen. Aus Gelatinezucker kleine Kugeln rollen, etwas flach drücken, mit Silberpuder einfärben und als Nieten am Eimer befestigen.

Golfclub

Eine Torte mit Handicap – das ideale Geschenk für den Hobbygolfer.

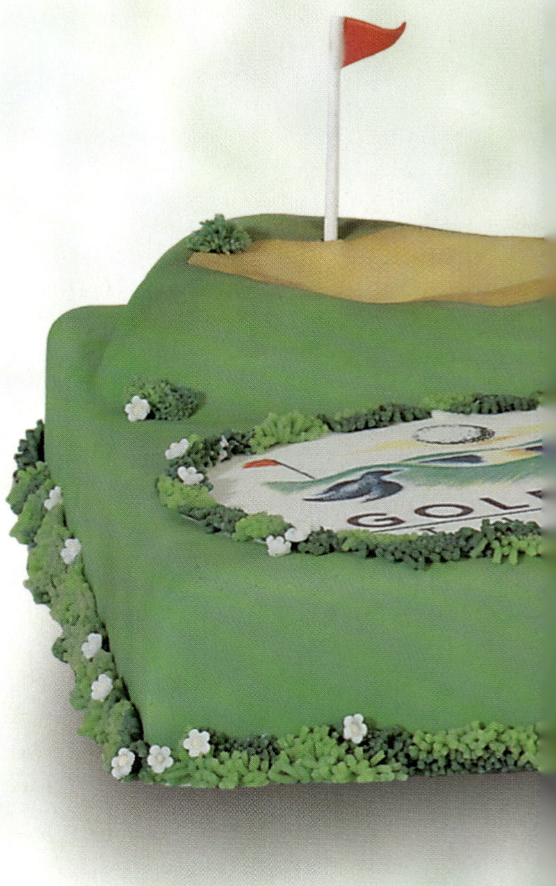

CLUB
ACE
of
Clubs

Zutaten/Material

1 rechteckige Torte (47 x 31 cm)
1 Roulade, mit Creme gefüllt, Ø 11 cm, Höhe 20 cm
Einschlagmasse
Modelliermarzipan
1/1-Marzipan
Gelatinezucker
Silberpuder
Pastenfarbe Grün
Lebensmittelfarbe, flüssig (Grün, Braun, Gelb und Rot)
Fondantdruckpapier
weiße Dekormasse (Kuvertüre)
Powder Icing

Spezielle Arbeitsgeräte

Lebensmittelfarbdrucker
Sieb
Form Golfball
Modellierhölzer
Airbrush
Marzipanschneider aus Kunststoff
Modellierholz Naht
Schneiderad

Herstellungsaufwand

★★★★

Schritt für Schritt

Einschlagen der Roulade in Modelliermarzipan.

Abschneiden mit dem Marzipanschneider, gut zu sehen der überstehende Rand.

Nach dem Abdecken mit Marzipan den überstehenden Rand einschlagen und andrücken.

HERSTELLUNG GOLFBAG

Roulade nach Wunsch füllen, bis zu dem angegebenen Durchmesser einrollen und in 20 cm Länge gerade abschneiden. Braun gefärbten Modelliermarzipan 2 mm dick ausrollen, die Roulade einschlagen und oben abdecken. Beim Einschlagen oben Rand überstehen lassen und umlegen. Tasche ausschneiden und ansetzen. Mit dem Modellierholz eine Naht imitieren. Aus 1/1-Marzipan den Tragegurt anlegen. Mit dem Airbrush und brauner Lebensmittelfarbe absprühen. Landschaft in grün eingefärbtem Modelliermarzipan um den Golfbag modellieren.

HERSTELLUNG SCHLÄGER

Gelatinezucker 3 mm dick ausrollen, die Schläger ausschneiden, lange Stangen rollen, diese mit Powder Icing an den Schlägern anbringen und trocknen lassen. Dann mit Silberpuder kolorieren und in den Golfbag drücken.

HERSTELLUNG TORTE

Torte nach Wunsch einsetzen, mit einer kleinen Hügellandschaft erhöhen und mit grünem Modelliermarzipan eindecken. Aus dünn ausgerollter Einschlagmasse eine kleine Platte mit dem Schneiderad ausschneiden und auf der Torte einen kleinen Sandbunker formen. Mit dem Airbrush leicht braun schminken, dünnen Gelatinezuckerstab einsetzen und mit kleiner roter Fahne schmücken. Modelliermarzipan grün und braun anwirken und gemischt durch eine Knoblauchpresse drücken, den Tortenrand garnieren und vereinzelt Gräser auf der Torte imitieren. Mit ein paar kleinen Blüten die Torte garnieren. Golfbag auf die Torte stellen, mit gelbem Powder Icing die „Nähte" nachziehen und mit dem Airbrush und brauner Lebensmittelfarbe ein paar Effekte sprühen.

HERSTELLUNG LOGO

Mit dem Lebensmittelfarbdrucker gewünschtes Logo oder Bild auf Fondantpapier drucken, ausschneiden, und auf der Torte befestigen. Den Rand mit Marzipangras garnieren.

HERSTELLUNG GOLFER

Den Golf spielenden Koch aus 1/1-Marzipan vormodellieren und antrocknen lassen. Beim Ausrollen des Körpers darauf achten, dass die Figur gut steht, eventuell die Beine gerade abschneiden. Ein Bein abwinkeln, um den Golfschwung anzudeuten. Mit Blumenmasse die Schuhe formen und ansetzen, die Figur bekleiden, die Arme ebenfalls aus Blumenmasse formen und eine Schöpfkelle aus Gelatinezucker in die Hände geben. Aus farbigem Marzipan kleine T's formen und als Abschlageinstecker in der Außentasche des Golfbags befestigen. Kleinen Golfball aus weißer Dekormasse gießen und neben den Golfbag legen.

Außentasche am Golfbag befestigen. Tasche oben etwas abstehen lassen. Nähte mit einem Modellierholz anbringen.

Das Anmodellieren von grünem Marzipan

Das Ansetzen von Gras am Tortenrand. Zusätzlich im Bild zu sehen: die ungeschminkten Schläger aus Gelatinezucker.

UNICEF
Kinder der Welt

Multikulturelle Vielfalt: Die Kinder der Welt

sitzen auf dem Rand dieser 6-eckigen Unicef-Torte,

die eine Weltkugel mit den Kontinenten trägt.

Zutaten/Material

Gelatinezucker
Modelliermarzipan
6-eckige Torte, Kantenlänge 16 cm
Einschlagmasse
Pastenfarben (Rot, Gelb, Braun, Blau, Orange, Schwarz)
Powder Icing
Folie

Spezielle Arbeitsgeräte

2 Styroporhalbkugeln, Ø 20 cm
Randgarniturausstecher
Modellierbesteck
Smoother
Ring aus Gummi, Ø 10 cm oder aus Metall Ø 16 cm
Schablone aus Pappe

Herstellungsaufwand

★★★★

Schritt für Schritt

Gelatinezucker anmachen, 1,5 mm dick ausrollen, schmale Streifen schneiden. Auf einer Styroporhalbkugel ein kleines Stück Folie auflegen, dann den ersten Streifen anbringen. Die folgenden Streifen zurechtschneiden und an die bereits aufgebrachten Streifen mit Powder Icing anlegen. Mit Hilfe einer Pappschablone lassen sich die Streifen so auflegen, dass die Längengrade der beiden Halbkugeln fortlaufend sind. Die Breitengrade des Gradnetzes mit etwas Powder Icing ansetzen. Zuletzt die Polkappen aus dünn ausgerolltem Gelatinezucker zur Stabilisierung aufsetzen. Trocknen lassen.

Zusammensetzen der beiden Halbkugeln mit Powder Icing. Einen Streifen Gelatinezucker als Äquator über die Schnittstelle legen, mit Powder Icing befestigen.

Gelatinezucker dünn ausrollen, die Kontinente ausschneiden und aufsetzen.

HERSTELLUNG KUGEL

Gelatinezucker anmachen, 1,5 mm dick ausrollen, schmale Streifen schneiden. Diese werden als Längengrade auf der Styroporhalbkugel angebracht. Dafür oben auf der Halbkugel ein kleines Stück Folie auflegen, dann den ersten Streifen befestigen. Den nächsten Streifen schneiden und an dem durchgehenden Mittelstreifen mit Powder Icing anlegen. Den nächsten Streifen spitz zuschneiden und einpassen usw. Wichtig: Die Längengrade sollten bei beiden Kugeln aufeinander stoßen, eventuell eine Schablone aus Pappe vorbereiten.
Die Breitengrade des Gradnetzes mit etwas Powder Icing ansetzen, eine Grundplatte bereithalten, Pole ausschneiden und aufsetzen. Alles gut trocknen lassen. Dann beide Halbkugeln von der Kugel nehmen, Folie abziehen und mit Powder Icing aufeinander setzen. Für die bessere Standfestigkeit der zusammengesetzen Kugeln einen Ring aus Gummi unterlegen. Einen Gelatinezuckerstreifen mit Powder Icing als Äquator und zur Verstärkung über die Ansätze der beiden Halbkugeln anbringen.
Aus ausgerolltem dünnem Gelatinezucker die Kontinente ausschneiden und auflegen. Einen Kreis von ø 6 cm ausstechen. Auf diesen mit blau gefärbtem Powder Icing das Unicef-Symbol aufspritzen. Die Kugel mit Powder Icing auf der Grundplatte befestigen.

HERSTELLUNG TORTE

Die Torte nach Kundenwunsch einsetzen, mit gefärbter Einschlagmasse eindecken und mit dem Smoother glätten. Weiße Einschlagmasse 2 mm dick ausrollen, mit dem Randgarniturausstecher Bordüre ausstechen und den angefeuchteten Tortenrand damit garnieren. Die Grundplatte mit der Weltkugel auf die Torte setzen. Die Marzipanfiguren auf dem Rand befestigen. Aus blau eingefärbtem Gelatinezucker ein schmales Band ausschneiden und den Kindern in die Hände legen. Die Tortenoberfläche mit weißen und farbigen Powder-Icing-Punkten schmücken.

HERSTELLUNG MARZIPANFIGUREN

Modelliermarzipan mit Kakao und Lebensmittelfarben einfärben. Die Figuren mit Kleidern oder Röcken bestehen aus einem Strang, der auf einen mit Folie überklebten eckigen Gegenstand auf den Rand gesetzt wird, um die sitzende Form der Figur zu erhalten. Dann gefärbte Einschlagmasse ausrollen und die Körper bekleiden. Die Arme aus der eingefärbten Einschlagmasse ansetzen. Die Figuren mit Hosen oder Shorts werden aus einem sich leicht verjüngenden Strang geformt. Das dünnere Ende bis in Beinhöhe einschneiden und die Schnittkanten etwas nachmodellieren. In Höhe der Knie mit dem Modellierholz etwas einkerben. Entweder gefärbten Marzipan verwenden oder mit dem Airbrush absprühen und weiterverarbeiten. Schuhe oder Stiefel anmodellieren und Körper bekleiden. Länderspezifische Besonderheiten bei der Kleidung und Hautfarbe beachten und hervorheben.

Winzers Weinberg

Wenn die Herbstsonne die

Öchslegrade steigen lässt,

ist das auch für ein Weingut ein

willkommener Anlass, einen

guten Tropfen mit einer

Torte zu feiern.

BRENNEIS
BK
KOCH
nneis-Koch@t-online.de
fon 0049(0)6322-1898
ww.zum-wohl-die-pfalz.de

Schritt für Schritt

Ausdrücken der Traubenform und die Einzelteile des Tortendekors: die Weinstöcke, die Blätter und die Pfosten.

Herstellungsaufwand

★★★★★

Zutaten/Material

1 rechteckige Torte in den Maßen
47 cm lang, 31 cm breit
1 zusammengesetzte Kapsel
Spezialmasse
Einschlagmasse
Blumenmasse
Modelliermarzipan
1/1-Marzipan
Gelatinezucker
Lebensmittelfarbe, flüssig
(Braun, Rot, Gelb, Grün, Schwarz)
Fondantdruckpapier
Alkohol zum Verdünnen
Hippenmasse
Powder Icing
Vollmilchkuvertüre

Spezielle Arbeitsgeräte

Silikonform Traube
Metallausstecher Herbst,
Ahorn und Efeu
Lebensmittelfarbdrucker
Airbrush
Smoother
Impression Mats Steinstruktur

HERSTELLUNG DEKOR

Blumenmasse 1 mm dick ausrollen, mit den Efeu- und Ahornausstechern Blätter ausstechen und über eine Rolle, Messer oder Ähnliches legen. Aus Spezialmasse die Weinstöcke formen, Wurzeln einschneiden und ausbreiten. Die Ranken ebenfalls aus dem Stamm einschneiden, auseinander legen und trocknen lassen. 1 kleinen Baum mit Zweigen modellieren und trocknen lassen. Dafür 1 Strang mit der Hand ausrollen, mit dem Modellierholz strukturieren und an beiden Enden einschneiden. Die Wurzeln noch öfter einschneiden und auseinander legen. Zweige formen, trocknen und am Baum ansetzen. Aus Gelatinezucker die Ankerpfosten formen, leicht grau absprühen (schwarze Farbe, mit Alkohol verdünnt). Mit dem Lebensmitteldrucker das gewünschte Logo drucken. Spezialmasse ausrollen, mit den Impression Mats strukturieren, dann eine Kiste zusammensetzen. Aus Hippenmasse den Traubenkorb (in der Pfalz Logel genannt) backen und noch warm aufdrehen.
Tipp: Traubenkorb kann auch aus dünn ausgerollter Spezialmasse geformt werden. Aus 1/1-Marzipan die Körper modellieren, Beine einschneiden, antrocknen lassen und mit dem Airbrush schminken. Mit gefärbtem Modelliermarzipan die Figuren bekleiden. Schürzen aus grün eingefärbter Blumenmasse ausschneiden und mit Trägern und Taschen fertig stellen. Aus dünnem Gelatinezucker eine Grundplatte und ein paar Stützen für das gedruckte Logo ausschneiden. Nach dem Trocknen mit Powder Icing aneinander fügen und auf die Torte aufsetzen. Die Trauben aus Marzipan ausdrücken, mit dem Airbrush schminken und auflegen.

HERSTELLUNG TORTE

Torte nach Kundenwunsch einsetzen, aus einer zusammengesetzten Kapsel den Hügel ausschneiden und auf die Torte platzieren. Mit der zart gelbbraun gefärbten Einschlagmasse die Torte eindecken, mit dem Smoother glätten. Mit dem Airbrush den Hügel grün ansprühen, die Torte zart braun absprühen (Effekte). Modelliermarzipan 1 cm dick ausrollen und mit den Impression Mats Steinstruktur profilieren. Mit dem Airbrush gelb und braun kolorieren, nach dem Antrocknen um die Torte legen. Ab und zu einige Steine entfernen, um eine Trockenmauer zu imitieren. Um das Logo ebenfalls eine Steinmauer stellen, die Kopfseite des Hügels verkleiden. Die Weinstöcke mit etwas Vollmilchkuvertüre auf der Torte befestigen, so dass die Zweige sich berühren. Mit etwas Kuvertüre verbinden, um Stabilität zu erlangen. Die Ankerpfosten in die Torte drücken, den Baum aufstellen und mit den Blättern garnieren. Die Figuren aufstellen. An den Ankerpfosten einen Rosenstrauch (Weinstock) aufstellen und mit kleinen Rosen aus Blumenmasse schmücken. Aus Powder Icing ein paar Weinranken und Trauben spritzen, mit braunem Powder Icing am Rand ein paar Wurzeln und Büsche imitieren.

Süße Lektüre

Es gibt viele gute Gründe, jemanden mit „süßer Lektüre“ zu überraschen: die gelungene Diplomarbeit, der Schulanfang oder der erste selbst verfasste Kriminalroman. Als Beispiel dieser Vorlage dient die bestandene Reiterprüfung.

Zutaten/Material

1 Karree Spanisch Vanille in den Maßen 40 cm lang, 30 cm breit
Modelliermarzipan
Einschlagmasse
Rumtränke (Rezept Seite 237)
Schokoladencreme
Vollmilchkuvertüre
Blumenmasse
Powder Icing
Lebensmittelfarbe, flüssig (Weiß, Braun)
Pulverfarben (Gelb, Blau und Rot)
Pastenfarbe (Grün)
Alkohol

Spezielle Arbeitsgeräte

Kunststoffrollholz
Tortenmesser
Blumenausstecher
Multifunktionsblütenausstecher-Pad
Silikonblattformer
Silikonform Pferdekopf
Marzipanschneider
Marzipanschneidedraht
Smoother
verschiedene Modellierhölzer

Herstellungsaufwand

★ ★

Schritt für Schritt

Zurechtschneiden der Torte mit einem Tortenmesser.

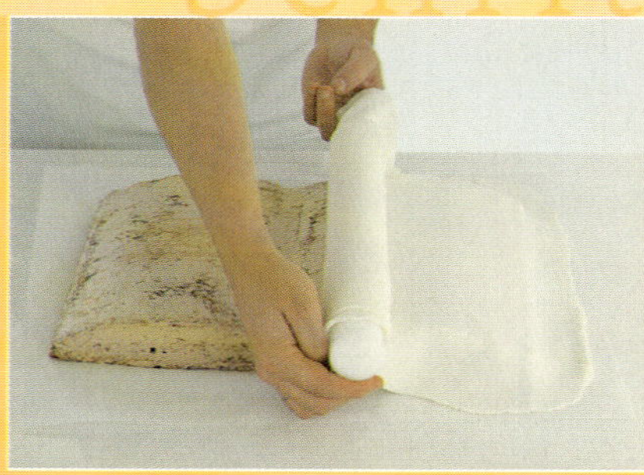

Eindecken des Buches mit ausgerollter Einschlagmasse.

Andrücken und Abschneiden mit dem Marzipanschneider. Anschließend mit dem Smoother glätten.

HERSTELLUNG BUCH

Torte in Buchform zurechtschneiden und mit Rumtränke befeuchten. Dünn mit Schokoladencreme einstreichen und mit ausgerollter Einschlagmasse eindecken. Mit dem Marzipanschneider andrücken und mit dem Smoother glätten. Braunen Modelliermarzipan 2 mm dick ausrollen und in den Maßen 46 cm lang und 34 cm breit ausschneiden. Auf die Tortenplatte auflegen und die Torte aufsetzen. Mit dem Modellierholz Nr. 7 die einzelnen Buchseiten eindrücken sowie mit dem Modellierholz Naht den Bucheinband strukturieren. Mit temperierter Vollmilchkuvertüre die Schrift und die Randgarnierung spritzen. Die Blumen und den Pferdekopf auflegen. Aus blauer und gelber Einschlagmasse zwei Stränge ausrollen, zur Kordel drehen und in die Buchmitte legen.

HERSTELLUNG DEKOR

Blumenmasse 1 mm dick ausrollen und mit den verschiedenen Blumenausstechern die Osterglocken, die Klematis und die Nelken ausstechen. Auf dem Blumenpad mit dem Modellierholz Nr. 5 (Augenholz) die Ränder ausdünnen und die Blüten zurechtlegen. Bei den Klematis für den Blütenstempel einen kleinen Tropfen formen und mit einer kleinen Schere ringsum einschneiden. Mit einem trockenen Pinsel und Pulverfarbe die Blüten kolorieren. Grüne Blumenmasse ausrollen und mit dem Blattformer die Blätter formen.
Modelliermarzipan in die Silikonform Pferdekopf eindrücken, mit dem Marzipanschneidedraht abschneiden. Weiße Lebensmittelfarbe etwas mit Alkohol verdünnen und die Mähne kolorieren. Braune, verdünnte Lebensmittelfarbe für den Kopf verwenden.

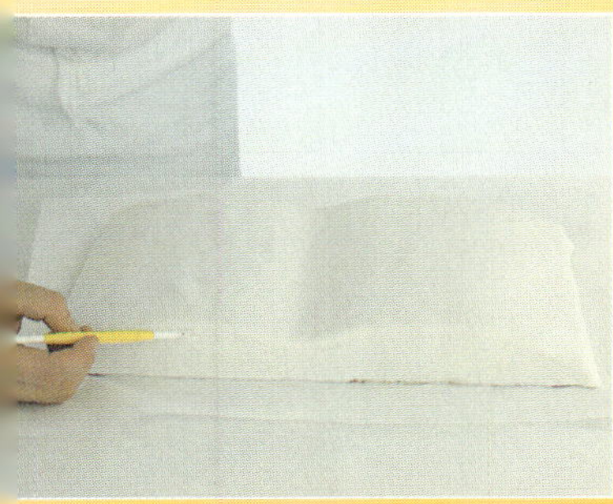

Mit dem kleinen Modellierholz Schneiderad die einzelnen Blätter andeuten, dabei aufpassen, dass die Einschlagmasse nicht durchgedrückt wird.

Die Einzelteile der Blumen und das Ausdünnen auf dem Blumenpad.

Mit dem Multifunktionsblütenset lassen sich mehrere unterschiedliche Blüten fertigen: Klematis, Tulpen und Osterglocken ebenso wie ein wunderschöner Weihnachtsstern. Dazu die Ränder auf dem Blumenpad ausdünnen und je nach Blüte entweder mehrere Blütenkränze aufeinander setzen oder bei der Tulpe die Blätter hoch biegen und auf eine zweite ausgestochene Blüte setzen.

Lattner Photographic Art
Mauerstraße 88
D-74081 Heilbronn
Telefon 49-(0) 7131/569356
Telefax 49-(0) 7131/580790
Matthaes
Druckerei und Verlag
GmbH & Co KG, Stuttgart

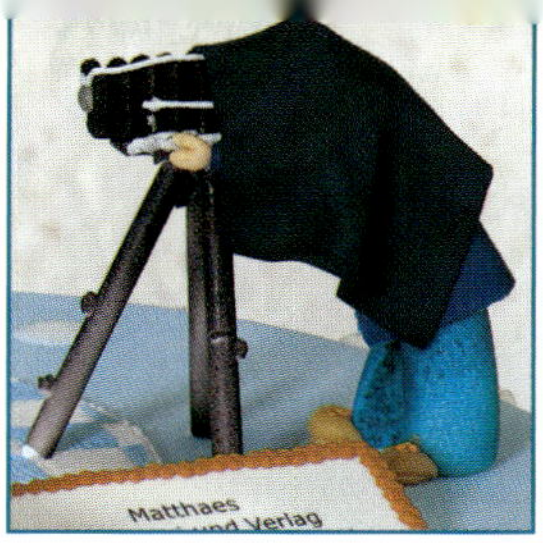

Schnappschuss

Ein Fotograf bei der Arbeit: Schau-
torten sind die Fotoobjekte, fertige
Bilder umrahmen das Ganze.

Schritt für Schritt

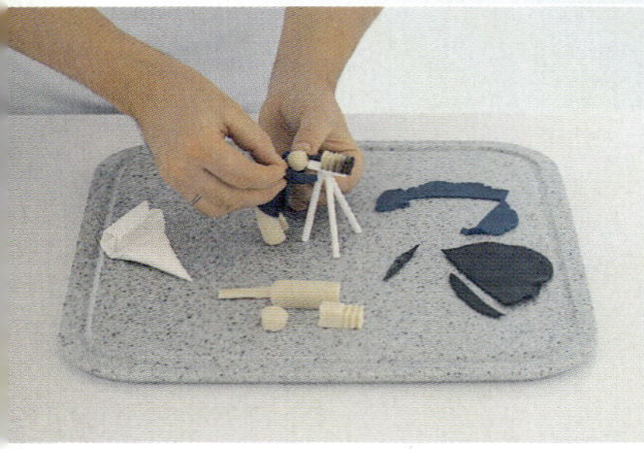

Das Zusammensetzen der Einzelteile des Fotografen und des Stativs.

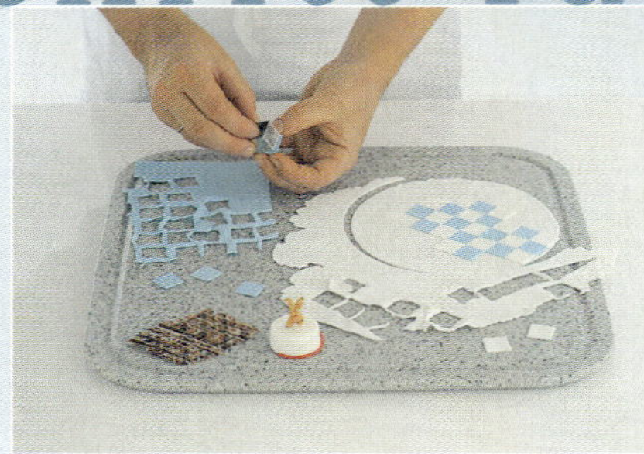

Das Ausstechen der Quadrate mit den Metallausstechern und Zusammensetzen auf einer runden Grundplatte.

Ausdrucken der kleinen Bilder für den Rand der Torte mit dem Lebensmittelfarbdrucker.

Zutaten/Material

1 Torte Ø 39 cm
etwa 400 g Einschlagmasse
Spezialmasse
1/1-Marzipan
Pastenfarbe (Baby Blue, Gelb, Rot, Orange, Schwarz)
Lebensmittelfarbe, flüssig (Blau)
Blumenmasse
weiße Dekormasse
Fondantdruckpapier
Gelatinezucker und einige Gelatinezuckerstangen
Powder Icing
Kuvertüre
Silberpuder
Pulverfarbe (Schwarz)

Spezielle Arbeitsgeräte

Lebensmittelfarbdrucker
Metallausstecherset
Kunststoffrollholz
Silikonform Stoffvolant, groß
Randgarniturausstecher
Smoother
Marzipanschneidedraht

Herstellungsaufwand

★ ★ ★

HERSTELLUNG TORTE

Einschlagmasse mit Baby Blue blau einfärben und 1,5 mm dick ausrollen. Torte damit eindecken und mit dem Smoother glätten. Silikonform Stoffvolant mit Blumenmasse ausdrücken, mit dem Schneidedraht abschneiden und aus der Form nehmen. Es werden 12 Volants benötigt. Einschlagmasse ausrollen und mit dem Randgarniturausstecher den Rand schmücken. Für die Mitte der Torte einen Kreis von 22 cm ø ausstechen und diesen mit den Metallausstechern Quadrat aus blauer und weißer Einschlagmasse im Wechsel als Fliesenboden legen, am Rand mit Powder Icing einen Perlrand spritzen.

HERSTELLUNG DEKOR

Aus ein paar Streifen Spezialmasse eine Staffelei zusammensetzen, eine Kiste und einen Tisch mit Kuvertüre verbinden. Gelatinezucker dünn ausrollen, kleine Kreise ausstechen, mit Silberpuder kolorieren. Dies ergibt die kleinen Tortenplatten. Die kleinen Dekortorten aus Marzipan und Einschlagmasse mit kleinen Rosen und Bändern oder Osterglocken aus Blumenmasse oder einer Pyramide aus Powder Icing garnieren. Mit dem Lebensmittelfarbdrucker und dem Fondantdruckpapier die gewünschten Bilder für den Rand der Torte in der passenden Größe ausdrucken. Nach dem Drucken die Bilder ausschneiden, mit Pastenfarbe braun gefärbtes Powder Icing zu einem Rahmen spritzen. Aus Gelatinezuckerstangen ein Dreibein-Stativ zusammenstellen, mit Powder Icing verbinden und oben eine kleine Platte aus Gelatinezucker befestigen. Schwarze Pulverfarbe anrühren, Stativ damit ansprühen.

Aus einem Stück Marzipan den Kamerabalgen ausschneiden, schwarz ansprühen und aufsetzen. Auf die Torte stellen und aus 1/1-Marzipan den Fotografenkörper etwas gebückt modellieren, blau ansprühen, Kopf mit Kuvertüre aufsetzen, an das Stativ anlehnen und mit Kuvertüre befestigen. Arme ansetzen und mit der Kamera verbinden. Mit schwarz gefärbter Blumenmasse ein Fotografentuch ausschneiden und über die Kamera und die Figur legen. Die Bilder mit etwas weißer Dekormasse in gleichen Abständen am Rand der Torte befestigen, die Stoffvolants zwischen den Bildern anbringen. Die kleinen Dekortorten auf der Torte verteilen, Bild oder Logo auf das Stativ aufstellen.

Millennium

Jung und flippig ins neue Jahr.

Die Zahlen können nach Bedarf

ausgewechselt werden!

Zutaten/Material

1 Torte Ø 28 cm
Einschlagmasse
Gelatinezucker
Lebensmittelfarben, flüssig
1 Stück Pappe
Powder Icing

Spezielle Arbeitsgeräte

Airbrush
Serienring oder Petits-Fours-Ausstecher
kleine Bastelschere
Pappe
Grundplatte Hochzeitstortenständer
Vorlage Jahreszahl
Smoother

Herstellungsaufwand

★

HERSTELLUNG

Tortenplatte und Torte eindecken, Oberfläche der Torte mit dem Smoother glätten, Gelatinezucker 1,5 mm dick ausrollen, nach eigenen Vorlagen Zahlen, Sterne, Kreise, Blitze und Spitzen ausschneiden. Spitz zulaufende Bänder über eine Röhre legen. Alles gut trocknen lassen, dann mit dem Airbrush kolorieren. In ein Stück Pappe Muster einschneiden, am besten mit einer kleinen Bastelschere. Die Pappschablonen auf die Torte legen, mit dem Airbrush verschiedenfarbig schminken. Ebenso mit dem Rand verfahren. Die Torte auf die Platte setzen, die vorbereiteten Zahlen und Muster mit Powder Icing aufsetzen.

Schritt für Schritt

Die verschiedenen Pappvorlagen und der ausgeschnittene Gelatinezucker beim Kolorieren.

Süße Zeiten

Erinnerungen an süße

Zeiten weckt diese zeitlos

schöne Uhrentorte.

XII
IX
III
VI

Schritt für Schritt

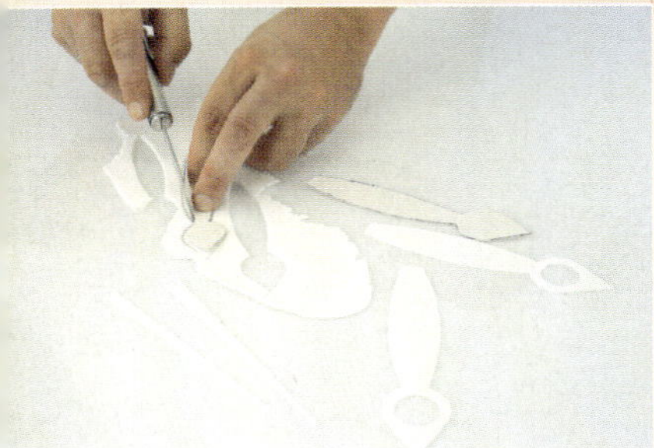

Ausschneiden der Zeiger aus Gelatinezucker.

Randgarnierung aus Königsberger Marzipan, Grundplatte aus weißer Dekormasse.

Ausschneiden der Zahnräder mit Hilfe von Ausstechern und Messern.

Zutaten/Material

1 Torte Ø 28 cm
Königsberger Marzipan
Pastenfarbe (Orange, Braun)
Modelliermarzipan
200 g 1/1-Marzipan
Gelatinezucker
weiße Dekormasse (weiße Kuvertüre)
Zartbitterkuvertüre
Light-Goldpuder
Silpatmatten

Spezielle Arbeitsgeräte

Randgarniturausstecher
Zahlenvorlage (Seite 276)
Vorlage Zahnräder
Vorlage Zeiger
Smoother

Herstellungsaufwand

★ ★ ★

Kolorieren der Kuvertürezahlen sowie der Uhraufzug (Krone) aus Königsberger Marzipan.

HERSTELLUNG

Gelatinezucker 1 mm dick ausrollen, Zeiger für die Uhr ausschneiden. Zahnräder aus 1/1-Marzipan ausschneiden. Grundplatte aus weißer temperierter Dekormasse ausschneiden. Römische Zahlen mit Zartbitterkuvertüre und weißer Dekormasse spritzen und mit Light-Goldpuder kolorieren. Torte mit orange und braun eingefärbtem Modelliermarzipan eindecken, mit dem Smoother glätten. Königsberger Marzipan (Seite 244) zum Strang rollen und auf Silpatmatten zum Kreis legen. Ebenso das Aufzugsrädchen, den Griff und eine Stütze modellieren. Aus dünnem Königsberger Marzipan die Randgarnierung ausstechen, abflämmen und noch warm um die Torte legen. Den abgeflämmten ausgekühlten Ring auflegen, die Grundplatte einlegen und mit den Zahnrädern schmücken. Zuletzt die Zahlen und Zeiger auflegen.

Ostermarkt

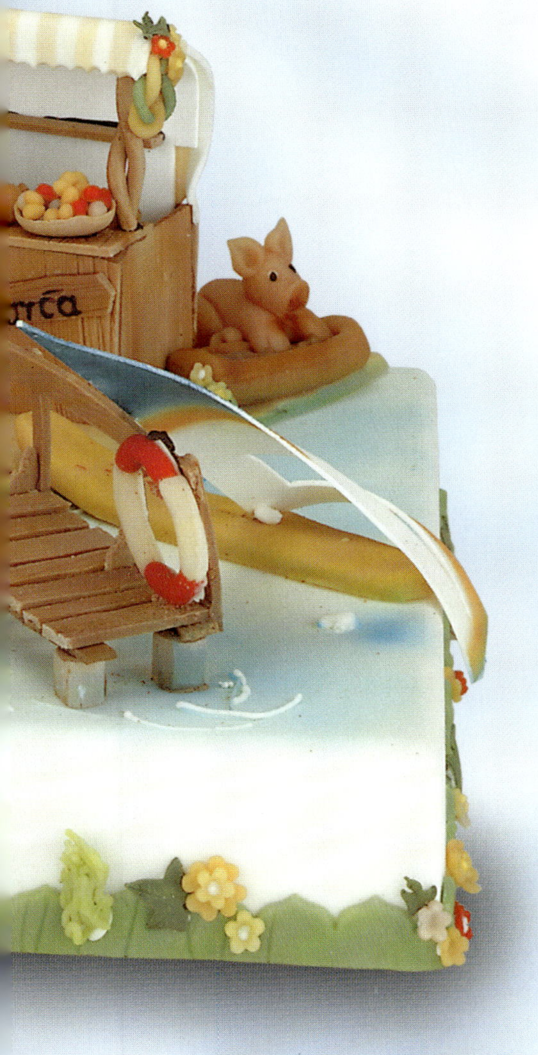

Strandurlaub

Eine exotische Tortenhomage

an die schönste Zeit des Jahres:

Südseeromantik pur!

Schritt für Schritt

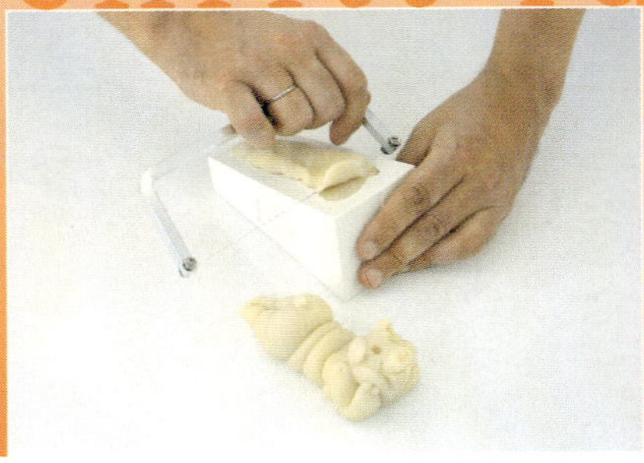

Marzipan beim Kopf beginnend in die Silikonform eindrücken. Überschüssigen Marzipan mit dem Schneidedraht abschneiden.

Für das Ausdrücken der Marzipanfigur Form etwas auseinander ziehen.

Herstellungsaufwand

★ ★ ★ ★

Zutaten/Material

1 rechteckige Torte in den Maßen 47 cm lang, 31 cm breit
etwa 500 g Einschlagmasse
Gelatinezucker
Lebensmittelfarbe, flüssig (Gelb, Braun, Orange, Blau, Grün)
Spezialmasse (Seite 239)
Pastenfarbe (Orange, Grün, Gelb)
Modelliermarzipan
Vollmilchkuvertüre
Blumenmasse
Impression Mats
Powder Icing
Felsenzucker (Seite 239)

Spezielle Arbeitsgeräte

Silikonform Schwein
Vorlage Hütte
Marzipandrahtschneider
Randgarniturausstecher
Smoother
Sieb
Modellierholz
Airbrush
Styroporform

HERSTELLUNG PALMEN UND GRUNDPLATTE

Gelatinezucker herstellen (Seite 238), 1 mm dick ausrollen, die Palmblätter (Seite 20) sowie eine Grundplatte ausschneiden. Die Palmstämme mit der Hand ausrollen, mit dem Modellierholz Nr. 7 strukturieren und trocknen lassen. Dann Stämme mit dem Airbrush gelb und braun, die Blätter grün und braun schminken. Gelatinezucker in der Mikrowelle erwärmen, Stämme auf die trockene Grundplatte aufsetzen, mit Gelatinezucker befestigen, abstützen und anziehen lassen. Mit Modelliermarzipan eine Landschaft auf der Grundplatte modellieren, insbesondere bei den Palmen eine Hügelform gestalten. Alles mit den Modellierhölzern Nr. 5 und Nr. 7 glätten. Gelatinezucker in der Mikrowelle erwärmen und damit Palmblätter an den Stämmen anbringen. Zucker nach jedem Ansetzen eines Blattes anziehen lassen. Zuletzt die weißen Zuckerklebestellen mit dem Airbrush braun nachschminken. Torte einsetzen, eindecken und alle Dekorteile aufstellen. Grün eingefärbten Marzipan durch ein Sieb drücken, abschneiden und als Gras drapieren.

HERSTELLUNG HÜTTEN

Gelatinezucker herstellen (Seite 238), ausrollen, Rückwände für die Hütten ausschneiden (Vorlage Seite 268), über eine Hüttenform aus Styropor legen und trocknen lassen. Spezialmasse 2 mm dick ausrollen, mit den Modellierhölzern eine Holzstruktur geben, Seiten- und Vorderteile der Hütten nach Vorlage (Seite 268) ausschneiden und trocknen lassen. Aus Spezialmasse 4 gedrehte Kordeln als Stützen für die Markise fertigen und ebenfalls trocknen lassen. Hütte zusammenbauen, Kanten mit Vollmilchkuvertüre verbinden. Für die Markisen Blumenmasse herstellen, einen Teil der Masse mit Pastenfarbe orange einfärben, ausrollen, schmale Streifen schneiden. Weiße Blumenmasse ausrollen und ebenfalls Streifen schneiden. Auf die restliche, ausgerollte Blumenmasse im Wechsel orangefarbene und weiße Streifen auflegen und nochmals ausrollen. Markise ausschneiden, Vorderkante mit einem Randgarniturausstecher gestalten und auf die angefeuchtete Rückwand aus Gelatinezucker sowie die gedrehten Stützen aus Spezialmasse auflegen.

HERSTELLUNG STEG

Spezialmasse 2 mm dick ausrollen, mit den Modellierhölzern oder den Impression Mats eine Holzstruktur geben, 2 lange Trägerbretter, 12 schmale Bretter sowie 1 Geländerbrett schneiden, 2 Geländerstützen ausrollen und trocknen lassen. Einzelteile mit Kuvertüre zu einem Steg zusammensetzen. Kleine Stückchen Spezialmasse unter dem Steg anbringen.

HERSTELLUNG DEKOR

Gelatinezucker 1 mm dick ausrollen, Segel des Surfbretts ausschneiden, über einer Rolle trocknen lassen. Mit dem Airbrush schminken. Aus Gelatinezucker dünne Streifen ausschneiden, diese mit Powder Icing zu einem Gehege für die Häschen zusammensetzen. Behälter und Eispokale ausschneiden und zusammenlegen. Kränze und Tabletts aus Spezialmasse sowie einen Rettungsring aus Marzipan formen. Mit Hilfe einer Silikonform ein Schwein modellieren. Sollte keine Silikonform zur Verfügung stehen, kann das Schwein auch frei modelliert werden. Für die Luftmatratze Modelliermarzipan mit Pastenfarbe gelb einfärben, ausrollen, ausschneiden und mit einem Rundstab profilieren. Schweinchen auf die Luftmatratze legen. Ein paar Häschen modellieren und schminken. Gelben Marzipan durch eine Knoblauchpresse drücken und als Stroh in das Hasengehege legen, dann Häschen aufsetzen. Felsenzucker kochen (Rezept Seite 239) und einen Felsen herstellen.

FERTIGSTELLUNG

Torte einsetzen, mit Einschlagmasse eindecken, mit dem Smoother glätten und mit flüssiger blauer Lebensmittelfarbe leicht schminken. Marzipan mit Pastenfarbe grün einfärben, ausrollen, Bordüre mit Randgarniturausstecher ausstechen und am unteren Tortenrand anbringen. Kleine verschiedene Blüten herstellen und auf die grüne Bordüre setzen. Vorbereitete Grundplatte auf die Torte aufsetzen und alle Dekorteile aufstellen.
Grün eingefärbten Marzipan durch ein Sieb drücken, abschneiden und als Gras drapieren.

Verborgene Schätze
ans Licht geholt:
Diese phantastische
Unterwasserwelt ist
ein Schaustück,
das zu vielen
Anlässen passt.

Korallenriff

Zutaten/Material

1 Torte
Einschlagmasse
Vollmilchkuvertüre
verschiedene Kuvertüresorten
Spritzschokolade
Marzipan
Modelliermarzipan
Powder Icing
Pastenfarbe (Baby Blue)
Lebensmittelfarbe (Schwarz, Rot)
Grundplatte Ø 30 cm
Trüffel
Dekormasse
1/1-Marzipan
Blattgelatine
Kolaschnüre
Silberpuder
Kuvertürefolien

Spezielle Arbeitsgeräte

Airbrush
Smoother
Kuvertüreform Muschel
Modellierbesteck
große Papierrolle
Fettpapier
Winkelpalette
Silikonform Delfin

Herstellungsaufwand

★★★★

Schritt für Schritt

Das Temperieren von Vollmilchkuvertüre nach der Impfmethode. In auf 50 °C erwärmte Kuvertüre etwa ein Drittel der Menge geraspelte Kuvertüre unterrühren. Die ideale Verarbeitungstemperatur sollte bei etwa 31 °C liegen, kann aber je nach Kuvertüre etwas variieren.

HERSTELLUNG RIFF

Vollmilchkuvertüre temperieren und auf zerknülltem Fettpapier ausstreichen. Auf die ausgestrichene Kuvertüre ebenfalls zerknülltes Fettpapier auflegen und andrücken. Leicht anziehen lassen und über eine Rolle oder Ähnliches legen. Grundplatte (etwa 22 cm Durchmesser) auf zerknülltem Papier ausstreichen und fest werden lassen. Dann das Riff auf der Grundplatte befestigen. Aus temperierter Kuvertüre kleine Platten ausstreichen, anziehen lassen, dann mit Kuvertüre als Plateau am Riff befestigen. Auf kleinere Stückchen zerknülltes Fettpapier Kuvertüre auftragen, leicht anziehen lassen, am Riff und an den kleinen angesetzten Platten anlegen, erstarren lassen, dann Papier abziehen.

Mit der Muschelform eine Muschel gießen, diese nach dem Auskühlen zusammensetzen und mit Trüffeln füllen. Unterschiedliche Kuvertüresorten erwärmen, die Kuvertürefolien damit bestreichen und kurz vor dem Erstarren schmale, spitz zulaufende Bänder als Seegras ausschneiden. Für die Delfine weiße Dekormasse temperieren und in Silikonform gießen.

Die temperierte Kuvertüre mit der Winkelpalette in der gewünschten Größe auf zerknülltem Fettpapier ausstreichen.

Die Oberfläche ebenfalls mit geknülltem Papier abdecken und leicht andrücken.

Kuvertüreriff vor dem Erstarren über eine Rolle legen und anziehen lassen.

HERSTELLUNG MARZIPANFIGUREN

Die Körper der Taucher aus 1/1-Marzipan formen, dazu einen sich verjüngenden Strang ausrollen und das schmalere Ende für die Beine einschneiden. Bei dem schwimmenden Taucher ein Bein leicht nach oben abwinkeln, um eine Schwimmbewegung anzudeuten.
Den sitzenden Taucher hinsetzen und die Beine wie beim Sitzen anziehen. Die Arme anmodellieren. Nach dem Trocknen alles schwarz absprühen. Einschlagmasse rot färben, ausrollen, die Schwimmweste ausschneiden und dem Taucher anlegen. Gelben Modelliermarzipan zum Strang rollen und die Flaschen formen. Kopf modellieren, Augen und Nase herausarbeiten, die Haare mit Spritzschokolade spritzen, Blattgelatine oval ausschneiden und als Taucherbrille mit Spritzschokolade unterfüttern.
Flossen aus weißer Dekormasse ausschneiden und ansetzen. Die Pressluftflaschen mit etwas Kuvertüre befestigen, die Leitungen mit Kolaschnüren imitieren. Kleinere Details wie Messer, Uhr, Bleigewichte und Tiefenmesser formen und mit Silberpuder kolorieren. Verschiedene Marzipantiere wie Fische, Kraken oder Hummer modellieren.

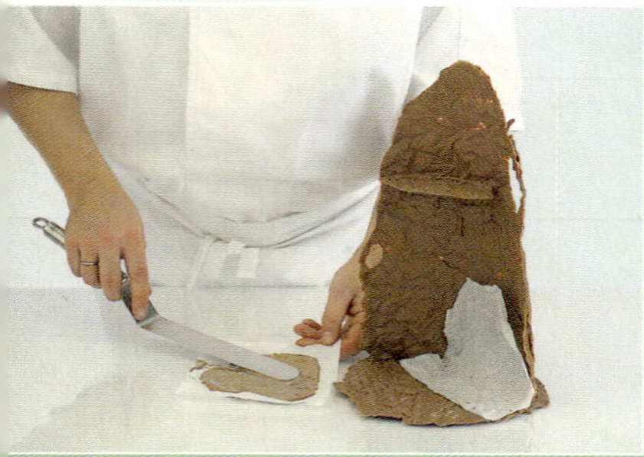

Das Riff wird hier mit der Grundplatte verbunden, oben am Riff ist eine kleine Kuvertüreplatte als Felsvorsprung angebracht. Unten wird ebenfalls ein Felsvorsprung gerade angelegt.

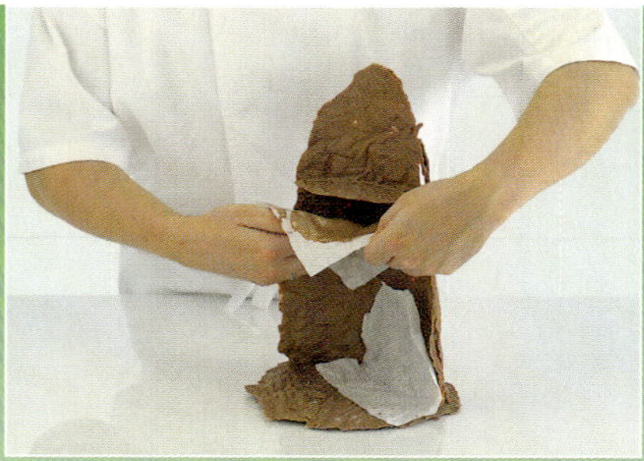

Mit etwas ausgestrichener Kuvertüre wird der Felsvorsprung mit dem Riff verbunden, indem die Kuvertüre auf dem Papier am Riff und am Vorsprung angelegt wird.

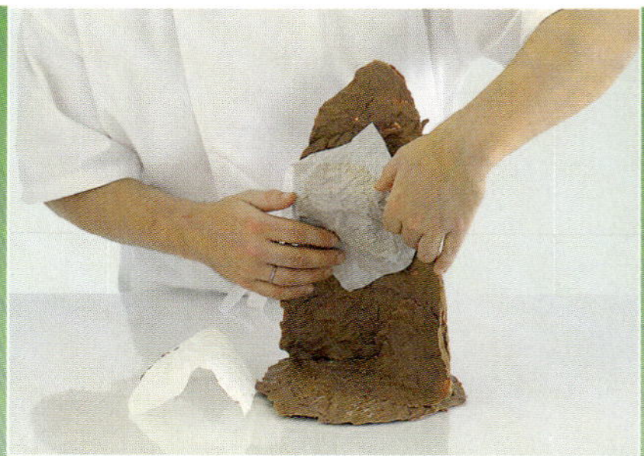

Nach dem Erstarren wird das Fettpapier abgezogen.

HERSTELLUNG TORTE

Einschlagmasse mit blauer Farbe marmorieren. Dafür die Pastenfarbe Baby Blue mit einem Zahnstocher auf der Einschlagmasse verteilen und durcharbeiten. Achtung: Nur so lange, bis der Marmoreffekt gut sichtbar ist. Torte nach Kundenwunsch einsetzen, vorbereitete Einschlagmasse ausrollen und Torte damit eindecken und mit dem Smoother glätten.
Die Grundplatte ebenfalls eindecken und die Torte aufsetzen.
Korallenzweige und Luftblasen aus Powder Icing auf Folie spritzen, fest werden lassen, abziehen und mit etwas Powder Icing auf der Torte sowie am Tortenrand befestigen.
Das Schokoladenriff auf die Torte stellen, die Muschel und die Kuvertürespitzen mit etwas Kuvertüre befestigen. Die Taucher und die Tiere gefällig arrangieren.

Die Einzelteile der Taucher, liegend und sitzend, mit den Flaschen.

Arbeitsabläufe beim Modellieren eines Fisches. Anschließend den Fisch mit dem Airbrush schminken.

Rathaus Schifferstadt

Dieses Schaustück wurde anlässlich der Expo – Gast in Luxembourg – hergestellt und mehrfach auf internationalen Ausstellungen mit einer Goldmedaille ausgezeichnet.

Zutaten/Material

Modellierschokolade
(Seite 238)
Gelatinezucker
Modelliermarzipan
Spezialmasse
(Seite 239)
Gelatinezucker
Blumenmasse
Lebensmittelfarbe, flüssig
(Schwarz, Braun, Rot, Weiß)
Pastenfarbe (Orange, Grün, Gelb)
Königsberger Marzipan (Seite 244)
Einschlagmasse
etwas Alkohol
Kuvertüre
Powder Icing
Blattgelatine

Spezielle Arbeitsgeräte

Lineal
Pizzarad
Kunststoffrollholz
Airbrush
Metallausstecherset
Randausstecher
Messer
Form Hüttenrückwand
Vorlage (Seite 277)
Modellierhölzer
Styroporform

Herstellungsaufwand

★★★★★★

HERSTELLUNG HAUS

Gelatinezucker anmachen und 3 mm dick ausrollen. Bodenplatte in den Maßen 56 cm lang und 42 cm breit ausschneiden und trocknen lassen. Modelliermarzipan 2 mm dick ausrollen und mit etwas Alkohol auf der getrockneten Grundplatte befestigen. Weiße und schwarze Lebensmittelfarbe mit Alkohol etwas verdünnen und Platte damit schminken. Gelatinezucker 1,5 mm dick ausrollen und die Teile des Fachwerkhauses nach Vorlage (Seite 278) ausschneiden. Fenster und Türen ausstechen, trocknen lassen und mit dem Airbrush braun schminken.

Schritt für Schritt

Ausschneiden der Hausgrundform, Ausstechen der Fenster und Aufsetzen des Fachwerks mit Kuvertüre.

Auflegen des Sockels mit gefärbtem Modelliermarzipan und die Verbindung der Hausteile mit um die Ecke reichenden „Ecksteinen“.

Zusammensetzen des Zauns, Herstellung von Tellern und Schalen. Dünn ausgerollten Gelatinezucker ausstechen und in eine Tülle einlegen. Fahnen ausschneiden und in Form legen.

Die Einzelteile der Hütte mit der Rückwand und der Markise aus Blumenmasse.

Ziegel mit etwas braun eingefärbtem Powder Icing auf den vorbereiteten Gelatinezuckerplatten „Dach“ schuppenförmig anbringen. Trocknen lassen, dann auf dem Haus befestigen. Nach dem Aufsetzen die oberste Ziegelreihe legen und mit einem dünnen Streifen Marzipan stabilisieren. Die Dachkanten mit Streifen aus Modellierschokolade belegen.

HERSTELLUNG FACHWERK

Modellierschokolade (Seite 238) anmachen, 3 mm dick ausrollen und mit Modellierhölzern eine leichte Holzstruktur geben. Etwa 4 mm breite Streifen schneiden und auf den Hausteilen mit etwas Kuvertüre befestigen. Fachwerk, wie auf der Abbildung zu sehen, legen. Den Sockel anfeuchten und mit leicht gelb/braun eingefärbtem Modelliermarzipan, 2 mm dick ausgerollt, verkleiden. Fenster freischneiden. Die Zwischenräume des Fachwerks mit 3 mm dick ausgerollter und geschnittener Einschlagmasse auffüllen. Umrandung der Fenster wie auch der Übergang vom Sockel zum Fachwerk aus zum Strang gerolltem, verschieden farbigem Modelliermarzipan legen. Das Haus mit Powder Icing zusammensetzen und auf der Grundplatte befestigen, in den Ecken kleine Dreiecke als Anker festmachen. Die Fenster von innen mit Blattgelatine fertig stellen, mit Spritzschokolade befestigen. Zum Anbringen der Gelatineblätter kein Powder Icing verwenden. Dieses trocknet nach 2 bis 3 Tagen ab, und die Gelatine wirft sich!

HERSTELLUNG ZIEGEL

Königsberger Marzipan 1 mm dick ausrollen, mit kleinen tropfenförmigen Metallausstechern die Ziegel herstellen. Antrocknen, mit dem Airbrush in unterschiedlichen rotbraunen Farbnuancen „antik“ schminken und im Ofen kurz abflämmen. Die Ziegel mit etwas braun eingefärbtem Powder Icing auf den vorbereiteten Gelatinezuckerplatten „Dach“ schuppenförmig anbringen. Trocknen lassen, dann auf dem Haus befestigen.

HERSTELLUNG HÜTTEN

Rückwände der kleinen Hütten nach Vorlage (Seite 277) aus 2 mm dick ausgerolltem Gelatinezucker schneiden, über eine Styroporform legen und trocknen lassen. Spezialmasse 2 mm dick ausrollen, mit den Modellierhölzern eine Holzstruktur geben, ausschneiden und trocknen lassen. Aus der Masse ein paar gedrehte Kordeln als Stützen für die Markise und einige dünne Stangen für die Weidenkätzchen formen. Nach dem Trocknen und dem Zusammenbau der Hütten die Markisen herstellen: Blumenmasse fertigen, einen Teil mit Pastenfarbe orange einfärben, weiße und orangefarbene Blumenmasse ausrollen, Streifen schneiden und im Wechsel auf weiße Blumenmasse auflegen, dann nochmals ausrollen. Mit dem Randausstecher die Vorderkante schmücken und auf die angefeuchtete Rückwand der Hütte aus Gelatinezucker auflegen.

HERSTELLUNG FRÜHLINGSMARKT

Die Hütten auf die Grundplatte stellen, mit etwas Kuvertüre befestigen. Die Zäune aufstellen, in der Mitte des Marktes ein Karree aufbauen und mit den Stangen aus Spezialmasse ein Weidenkätzchenbüschel gestalten. Die Hütten mit kleinen Schüsseln, Töpfen, Spielsachen, Früchten und Blumen dekorieren. Hinter den Zäunen gelben, durch die Knoblauchpresse gedrückten Marzipan als Stroh anbringen und mit Marzipanhäschen schmücken. Aus Spezialmasse einen kleinen Baum modellieren, mit Ästen vollenden, mit Marzipangras und -blumen einen kleinen Garten anlegen.

Mannheimer Wasserturm

Der Mannheimer Wasserturm, das Wahrzeichen

der Stadt, als großes Schaustück für das

Festbankett eines bekannten Geldinstituts.

Schritt für

Strukturieren des Marzipans mit den Impression Mats, Ausstechen der Kronen und der Steinwappen oben am Turm. Drehen der Marzipankordel für die Verbindung zwischen den Wappen. Aus einem dicken quadratischen Marzipanstrang die einzelnen Quader abschneiden, die über dem Fries angebracht werden.

Zutaten/Material

1 Papierrolle in den Maßen
50 cm hoch/Ø 16 cm
Gelatinezucker
Modelliermarzipan
Spezialmasse
Königsberger Marzipan
1 zusammengesetzte Torte in den Maßen
85 cm lang/70 cm breit/6 cm hoch
1 Tortenplatte in den Maßen
90 cm lang/75 cm breit
1500 g Einschlagmasse
Lebensmittelfarbe, flüssig
(Braun, Gelb, Grün, Blau)
Spritzschokolade
Blumenmasse
Powder Icing
Modellierbesteck

Spezielle Arbeitsgeräte

Airbrush
Teigroller
Impression Mats Steinstruktur
Blumenausstecher, klein
Ausstecherset Quadrat, Rechteck, Kreis
Serienring
Folie
Rosenpresse
Blattformer
Smoother
Tonkarton
Petits-Fours-Ausstecher

Herstellungsaufwand

★★★★★

Schritt

Grundaufbau des Turms: Gelatinezucker 2 mm dick ausrollen, über eine handelsübliche Papierrolle legen, an der Schnittstelle mit Powder Icing verbinden. Ebenso mit dem kegelförmigen Dach verfahren.

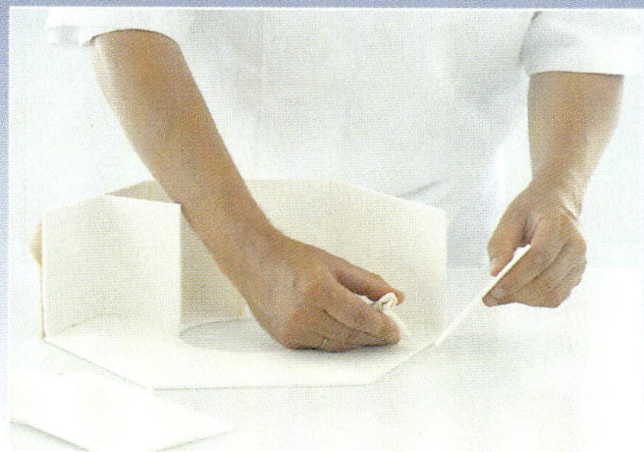

Mit vorbereiteten und getrockneten Platten den Turmsockel zusammensetzen und innen verstärken.

Leicht braun durchgefärbten Modelliermarzipan mit den Impression Mats profilieren, Stücke zurechtschneiden und Sockel verkleiden

HERSTELLUNG TURM

Den Gelatinezucker anmachen, 2 mm dick ausrollen, über eine Papierrolle Ø 16 cm legen, Enden leicht überlappen lassen, mit Powder Icing ansetzen. Fenster und Türen mit dem Ausstecherset ausstechen. Aus Tonkarton einen Kegel drehen (Ø wie Turm) und mit Gelatinezucker eindecken. Aus Gelatinezucker eine stabile Grundplatte mit den Maßen 50 cm x 50 cm ausrollen. Aus Gelatinezuckerplatten den Sockel zusammensetzen, ein Sechseck mit der Kantenlänge 18 cm, in der Mitte ein Loch von etwa 10 cm. 6 Seitenwände (18 cm lang, 11 cm hoch und 2 mm dick) vorbereiten. In eine Wand eine Tür einschneiden, innen mit Platten verstärken, an einer anderen Wand ein Loch ausschneiden (eventuell Platz für eine Lampe). Aus Gelatinezuckerstreifen und Powder Icing eine Treppe zusammensetzen, die bis zur Tür reicht. Die seitlichen Erkertürmchen aus Gelatinezuckerplatten zusammensetzen, mit Säulen aus dickem Gelatinezucker aufbauen, eine Platte zum Abdecken der Erkertürmchen ausschneiden, mit Modelliermarzipan belegen, mit den Impression Mats (Steinstruktur) strukturieren und auf Erkertürmchen anbringen. Das Dach mit einem Turmaufbau aus einem Streifen Gelatinezucker, um einen Serienring gelegt, erhöhen, abdecken, mit einer ausgestochenen Platte ein Geländer aus Powder Icing spritzen, Folie um einen Serienring legen und aufspritzen. Nach dem Trocknen vorsichtig die Folie entfernen und aufsetzen. Krönende Figur aus Marzipan anbringen und grün und braun absprühen. Dach grün und braun absprühen, mit Powder Icing befestigen und den Rand mit einem Marzipanband kaschieren.

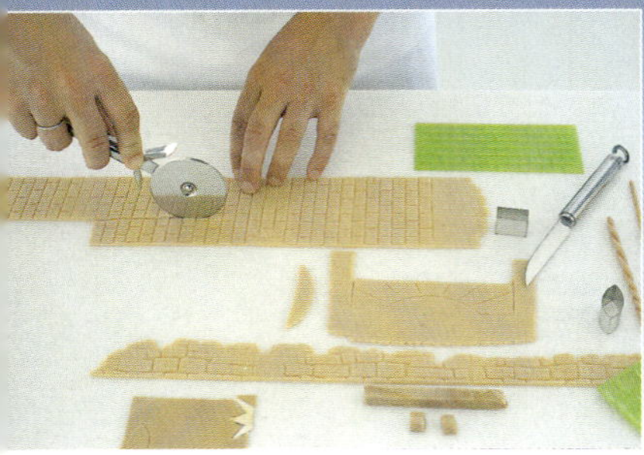

Vorbereitungen für die Steinverkleidung des Turms mit Marzipan.

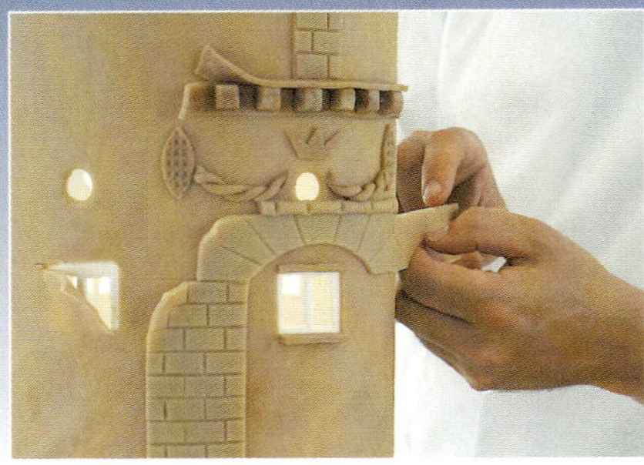

Der mit Marzipan eingeschlagene Turm mit den ausgeschnittenen Fenstern und den einzelnen Arbeitsschritten zur Fertigstellung des Turms. Anbringen des Steinfrieses, der Schilder und der Krone sowie der Kordel aus Marzipan. Gut zu sehen die aufgesetzten Quader mit der Abdeckung.

HERSTELLUNG MARZIPAN FÜR DEN TURM

Modelliermarzipan leicht braun färben, ausrollen und den angefeuchteten trockenen Turmrohkörper darüber rollen, den Marzipan andrücken, Unter- und Oberkante abschneiden. Für den Sockel den Marzipan mit den Impression Mats (Steinstruktur) strukturieren. Aus dem Steinstruktur-Marzipan den Sockel beziehen und 6 lange Streifen schneiden, um den Turm in gleichmäßigen Abständen zu befestigen. Am unteren Ende einen 4 cm breiten Streifen Steinstruktur-Marzipan legen, aus ausgerollten Strängen Steinbänder auflegen und mit einem Modellierholz die einzelnen Segmente andeuten.

HERSTELLUNG STEINFRIES

Oberhalb der Streifen einen Bogen aus strukturiertem Marzipan ansetzen. Das Steinfries im oberen Drittel des Turms wird aus gedrehten Marzipankordeln, ausgestochenen Ovalen und einer Krone aus Marzipan (Schablone) gestaltet. Oberhalb werden kleine Quader angesetzt, die mit einem Streifen Marzipan abgedeckt werden. Mit dem Airbrush kolorieren. Dazu aus Pappe ein kleines Rechteck ausschneiden und die so entstandene Schablone anlegen und einzelne Steine absprühen.

HERSTELLUNG DEKOR

Grundplatte um die Treppe mit grünem Marzipan abdecken, mit Marzipanquadern und Moos (grüner Marzipan, durch ein Sieb gedrückt) die Pflanzkästen herstellen. Bäume mit einer Marzipankugel, belegt mit durchgedrücktem Marzipan, herstellen. Auf eine Stange Gelatinezucker oder Spezialmasse setzen und in den Marzipanpflanzkasten drücken. Mit kleinen Blumen schmücken.

HERSTELLUNG KÖNIGSBERGER MARZIPAN

Die Buchstaben aus Königsberger Marzipan (Gütemarzipan: 1000 g Rohmasse/ 100 g Puderzucker) ausstechen, antrocknen lassen und abflämmen.

HERSTELLUNG ROSEN UND BÖRSEN-CHART

Weiße Blumenmasse 1,5 mm dick ausrollen, mit einem runden Petits-Fours-Ausstecher die Blätter ausstechen und 2 Grundplatten für den Börsen-Chart ausschneiden. Diesen mit Spritzschokolade spritzen. Mit der Rosenpresse die Blätter an einer Seite ausdünnen und von innen nach außen zur Rose formen. Die ersten beiden Blätter auf einem Kegel gegeneinander eindrehen, jedes weitere Blatt etwas höher ansetzen und mit 2 Fingern eine Rosenblattform gestalten. Dabei das Blatt etwas nach außen drücken. Falls keine Rosenpresse vorhanden ist, die Blätter zwischen 2 Fingern ausdünnen. Grüne Blumenmasse 1,5 mm dick ausrollen, Blattformen schneiden und mit dem Blattformer strukturieren.

HERSTELLUNG RANDGARNIERUNG

Blumenmasse blau einfärben, zum Strang rollen, weiße Blumenmasse ebenfalls zum Strang rollen. Die beiden Stränge gegeneinander eindrehen und eine Kordel formen. Kordel um die Grundplatte und um die Torte legen. Eine weiße dünnere Kordel herstellen und um den Chart legen.

HERSTELLUNG TORTE

Die Torte nach Wunsch einsetzen, unter den Turm eine etwas stabilere Torte, z. B. Spanisch Vanille. Da die Torte aus mehreren Teilen zusammengesetzt wird, die Einzelteile auf der Tortenplatte zusammenfügen und ausgleichen. Einschlagmasse ausrollen, Torte in zwei Hälften eindecken und mit dem Smoother glätten.

Die süße Investition in die Zukunft: gemeinsame Geldpolitik als überdimensionaler EURO aus Zucker, umrahmt von goldenen Sternen und Flaggen europäischer Staaten.

Big EURO

1 EURO

Zutaten/Material

1 Torte in den Maßen 85 cm/70 cm
etwa 4 kg Gelatinezucker
1,5 kg Einschlagmasse
Modelliermarzipan
Kuvertüre
Lebensmittelfarben, flüssig
Pastenfarben
Flüssigfarben
Puderfarben (Light-Goldpuder, Silberpuder)
Powder Icing
Tortenplatte in den Maßen 90 cm/75 cm
Königsberger Marzipan (Rezept Seite 244/245)
Blumenmasse
Bodenplatte eines Hochzeitstortenständers Ø 45 cm
Metallplatte Ø 45 cm
6 Metallhülsen, Länge 20 cm
Umrandung aus Edelstahlblech
28er-Ring
etwas Pflanzenfett

Spezielle Arbeitsgeräte

Buchstabenausstecher
Kuvertüreformen EURO
Randgarniturausstecher
kleine Efeuausstecher Metall
Airbrush
Vorlage EURO
Rollholz o. Ä.
Serienring
Modellierholz
evtl. Tortenprojektor
Folie
Modellierholz

Herstellungsaufwand

★★★★★

Gelatinezucker für den EURO 3 mm dick ausrollen, Ø 42 cm. Bei dieser Stärke braucht der Gelatinezucker ein paar Tage, um zu trocknen. Das 2 cm breite Band ausrollen, mit einem Modellierholz profilieren und um den EURO legen. Befestigt wird es mit Powder Icing.
Tipp: Den EURO etwas unterlegen, damit das Band in die Mitte kommt.

HERSTELLUNG EURO

Gelatinezucker 3 mm dick ausrollen, den EURO als Kreis, Ø 42 cm, ausschneiden, Grundplatte, Ø 45 cm, ausschneiden, Gelatinezucker 1 mm dick ausrollen, die Flaggen (10 cm lang und 6 cm breit) ausschneiden und über ein Rollholz oder Ähnliches legen. Alles gut trocknen lassen. Fahnenstangen aus Gelatinezucker ausrollen, Grundplatten der Fahnen sowie die Stützen mit einem Serienring ausstechen. Alles gut trocknen lassen. Den getrockneten EURO etwas erhöht legen, ein 2 cm breites Band aus Gelatinezucker mit dem Modellierholz oder einem sonstigen dünnen Holz am Rand eindrücken und mit etwas Powder Icing am Rand des EUROS anlegen und trocknen lassen.

HERSTELLUNG METALLAUFBAU

Der runde Aufbau unter dem EURO besteht aus der Bodenplatte eines Hochzeitstortenständers, Ø 45 cm, einer Metallplatte gleichen Durchmessers und 6 Metallhülsen, Länge 20 cm, die genau in die Füße der Tortenplatte passen. Die Umrandung besteht aus Edelstahlblech, zum Kreis gebogen und geschweißt.

Schritt für Schritt

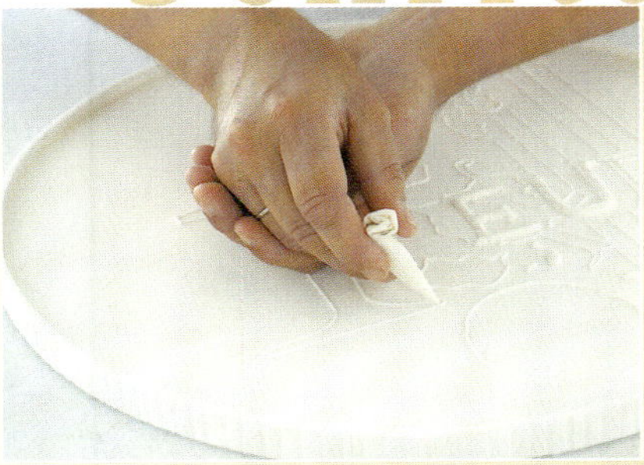

Den EURO freihändig nach einer Vorlage spritzen oder, wenn die Möglichkeit besteht, mit einem Tortenprojektor die Konturen des EUROS projizieren.

Nach dem Trocknen nimmt der Gelatinezucker kaum noch Puderfarben an, deshalb den EURO mit etwas Pflanzenfett einstreichen.

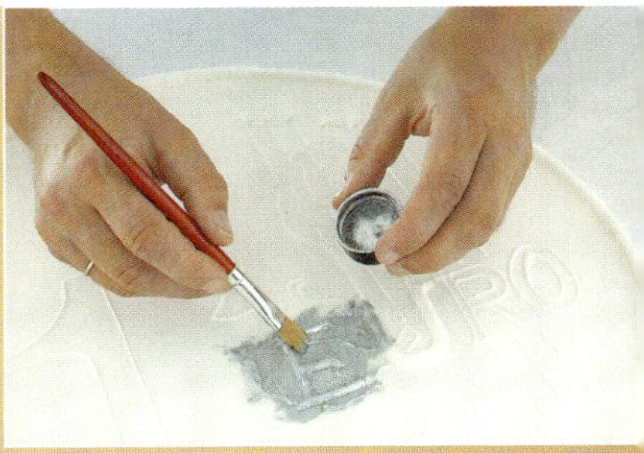

Mit Silberpuder (Lebensmittelfarbe) den EURO innen schminken.

In die Mitte um den silbern geschminkten Teil einen 28er-Ring legen, dann den äußeren Teil des EUROS mit einem Goldton (Light-Goldpuder) schminken.

Die Fahnenstangen aus getrocknetem Gelatinezucker werden mit dem Airbrush angesprüht und mit Powder Icing zusammengesetzt. Die Sterne aus Marzipan ausschneiden, mit Light-Goldpuder kolorieren, in der Run-Out-Technik das EURO-Symbol spritzen. Die ausgestochenen, abgeflämmten Buchstaben sind aus Königsberger Marzipan.

Dünne Gelatinezuckerfahnen (10 cm lang, 6 cm breit) in windbewegte Formen zum Trocknen legen, mit gefärbtem Powder Icing in der Run-Out-Technik spritzen. Die Fahnen nach dem Trocknen mit Powder Icing an den Masten befestigen.

HERSTELLUNG GARNIERUNG

Auf die EURO-Münze Zahl, Schrift und Muster mit Powder Icing freihändig, wie auf der Abbildung zu sehen, spritzen und auslassen. Ein Tortenprojektor erleichtert dies. Die Flaggen mit eingefärbtem Powder Icing vorspritzen, auslassen und trocknen lassen. Fahnenmasten zusammensetzen und Flaggen anbringen.

HERSTELLUNG TORTE

Torte auf der Tortenplatte zusammensetzen, eindecken, den Mittelaufbau einsetzen. Mit blau eingefärbter Einschlagmasse den leicht angefeuchteten Edelstahlring eindecken und um das Gestell legen. Grundplatte in zwei Hälften blau eindecken, den Rand etwas überstehen lassen. Diesen mit einem Randgarniturausstecher schmücken und etwas drapieren, um den Rand zu überdecken. Den fertigen EURO auf der Grundplatte mit Powder Icing befestigen und mit 2 Stützen abstützen. Mit den Randgarniturausstechern und blauer und weißer Blumenmasse den Tortenrand verzieren.

HERSTELLUNG TORTENDEKOR

Die Buchstaben aus Königsberger Marzipan ausstechen, antrocknen lassen und abflämmen. Grüne Blumenmasse ausrollen und Efeu ausstechen, dann um die Masten und den gespritzten EURO mit etwas braunem Powder Icing anbringen. Kuvertüremünzen mit Formen herstellen und auflegen. Das große EURO-Zeichen und die kleinen mit gelb gefärbtem Powder Icing herstellen, Vorlage unter eine Folie legen, Konturen nachspritzen und auslassen. Nach dem Trocknen mit Light-Goldpuder kolorieren.

Dieses aufwändige Schaustück aus

Marzipan und Gelatinezucker wurde

1998 auf der INTERGASTRA

in Stuttgart mit einer Gold-

medaille ausgezeichnet.

Arche Noah

MS Arche
Anmeldung

Zutaten/Material

Gelatinezucker
(10fache Menge von Grundrezept Seite 238)
Lebensmittelfarben
Spezialmasse, weiß
Powder Icing
Spritzschokolade
Modelliermarzipan
weiße Dekormasse
Vollmilchkuvertüre
Kakaobutter

Spezielle Arbeitsgeräte

Messer
Modellierbesteck
Rollholz
Sprühpistole
Airbrush
Mikrowelle
Pizzarad
Styrodurplatten
Klebstoff
Schmirgelpapier
dünne Folie
Impression Mats
Edelstahl- oder Glasplatte 70 x 55 cm

Herstellungsaufwand

★★★★★★

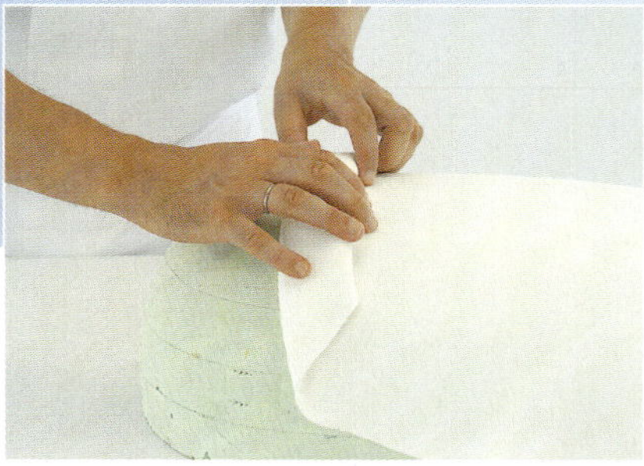

Aus Gelatinezucker eine 2,5 mm dicke, genügend große Platte ausrollen und über die vorbereitete Rumpfform legen.

HERSTELLUNG GRUNDFORM FÜR DEN RUMPF

Für den Rumpf der Arche wird eine Form aus Styrodurplatten gefertigt. Die einzelnen Styrodurplatten mit handelsüblichem Klebstoff zu einem Block zusammensetzen oder fertigen Block kaufen. Nach dem Trocknen die Rumpfform aufzeichnen und mit einem großen Messer zurechtschneiden. Anschließend die Form mit Schmirgelpapier glätten und mit dünner Folie überziehen.

HERSTELLUNG ARCHE

Aus Gelatinezucker eine 2,5 mm dicke, genügend große Platte ausrollen und über die Grundform des Rumpfes legen.
Überstehende Ränder mit dem Pizzarad sofort abschneiden, die Fenster und die Tür ausschneiden. Aus dem restlichen ausgerollten Gelatinezucker die Deckplatte und Verstrebungen, die im Schiffsrumpf zur Verstärkung angebracht werden, ausschneiden. Den Schiffsrumpf etwa eine Woche trocknen lassen, dann von der Form nehmen, die Verstrebungen und die Deckplatte mit Powder Icing anbringen.
Modelliermarzipan 3 mm dick ausrollen und mit Modellierhölzern eine Holzstruktur geben. Alternativ können für die Struktur auch die Impression Mats verwendet werden (siehe Seite 259). 1 cm breite, etwa 20 cm lange Streifen schneiden. Diese mit dem Airbrush in unterschiedlichen Holztönen kolorieren. Die Holzplanken mit Powder Icing am Schiffsrumpf befestigen.

hritt für Schritt

Überstehende Ränder mit dem Pizzarad sofort abschneiden, Fenster und die Tür ausschneiden.

Modelliermarzipan 3 mm dick ausrollen und mit Modellierhölzern eine Holzstruktur geben. 1 cm breite Streifen schneiden und auseinander legen. Diese mit dem Airbrush in unterschiedlichen Holztönen kolorieren. Die Holzplanken mit Powder Icing am Schiffsrumpf befestigen.

Palmstämme und Blätter vorbereiten, trocknen lassen und mit dem Airbrush schminken. Dann die Palmstämme mit erwärmtem Gelatinezucker auf der Grundplatte befestigen, die Blätter ebenfalls mit Gelatinezucker anbringen.

Schritt für Schritt

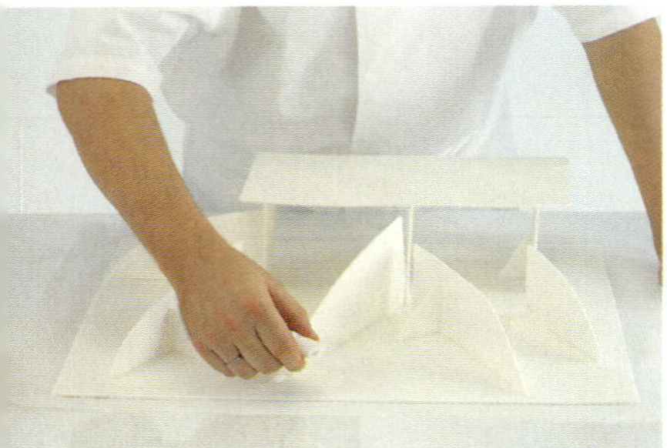

Der Grundaufbau für die Arche: stabile Grundplatte und Podest für den Schiffsrumpf sowie aufrechte Gelatinezuckerplatten, um das Gelände zu modellieren.

Spezialmasse 2,5 mm dick ausrollen, dann Grundaufbau eindecken. Ränder etwas anfeuchten und aushärten lassen. Löcher für die Palmen ausstechen.

Das Modellieren eines Kängurus aus Modelliermarzipan.

HERSTELLUNG GRUNDPLATTE DES SCHAUSTÜCKS

Der Grundaufbau des Schaustücks besteht aus einer etwa 5 mm starken, etwa 60 x 45 cm großen Gelatinezuckerplatte, auf der aus aufrecht stehenden Gelatinezuckerresten und Bruch eine leicht hügelige Landschaftsstruktur modelliert wird. Einige Rechtecke mit etwa 15 cm Höhe an der Stelle befestigen, auf der später die Arche stehen soll, und mit einer kleinen Gelatinezuckerplatte abdecken. Nun die gesamte Landschaft mit einer ausgerollten Platte aus weißer Spezialmasse eindecken (Seite 239). Einige kleine Löcher für die Befestigung der Palmen ausstechen.

Anschließend mit weißer Dekormasse und etwas Vollmilchkuvertüre, mit etwa 30 % Kakaobutter verdünnt, mit der Sprühpistole das Gelände absprühen.

HERSTELLUNG PALMEN

Die Palmstämme und die Blätter, wie auf Seite 20 beschrieben, vorbereiten, mit dem Airbrush schminken und auf der Grundplatte mit in der Mikrowelle erhitztem Gelatinezucker befestigen.

FERTIGSTELLUNG SCHAUSTÜCK

Mit den restlichen Palmstämmen eine Hütte bauen und mit Palmblättern abdecken. Die Hütte mit erhitztem Gelatinezucker auf dem Deck der Arche aufkleben. Nun die Marzipantiere modellieren, Kleinteile wie Schüsseln, Äxte, Schilder usw. herstellen. Zuletzt alle Tiere und Kleinteile gefällig auf dem Schaustück arrangieren und befestigen. Einen Kordelrand um das Schaustück legen.

Dresdener Frauenkirche

Noch vor dem eigentlichen Wiederaufbau vollendet: die prachtvolle Dresdener Frauenkirche aus feinstem Zucker und Marzipan.

Zutaten/Material

1 zusammengesetzte Torte in den Maßen
85 cm lang/70 cm breit/6 cm hoch
1 Tortenplatte in den Maßen 90/75 cm
Gelatinezucker
Pastillage
Modelliermarzipan
Königsberger Marzipan
Blumenmasse
Light-Goldpuder
Powder Icing
Blattgelatine
1500 g Einschlagmasse
Pastenfarbe (Schwarz, Braun, Gelb, Grün)
Lebensmittelfarbe (Apricot)
Spezialmasse
1/1-Marzipan

Spezielle Arbeitsgeräte

Wildrosenausstecher
Blumenpad
Röhre, Ø 16 cm, Höhe 55 cm
Silikonblattformer
Impression Mats
Modellierbesteck
Metallausstecher-Set
Smoother
Airbrush
Kunststoff- oder Holzplatte
Antirutschmatte
Pralinenformen
Schmirgelpapier
Schrumpffolie
Styroporstücke

Herstellungsaufwand

★★★★★★

Dieses Schaustück, das einen Wettbewerb des ZDF-Fernsehgartens gewann, wurde im Laufe von lediglich 1 Woche in 130 Arbeitsstunden gefertigt. Dies war nur durch die Mithilfe zweier Freunde des Autors, Ingrid Allinger aus Emmendingen und Reiner Lind, Fachlehrer aus Trier, möglich. Im Team konnte innerhalb eines Wochenendes der Rohbau erstellt werden.

Grundriss der Dresdener Frauenkirche um 1726.

HERSTELLUNG TORTE

Nach Kundenwunsch eine Torte in den Maßen 85 cm lang und 70 cm breit einsetzen. Die Einschlagmasse mit ein paar Tropfen Pastenfarbe schwarz marmorieren (Seite 242). Die einzelnen Karrees der Torte gleich auf der Tortenplatte zusammensetzen. Die Einschlagmasse 1,5 mm dick ausrollen, auf 2-mal die Torte eindecken. Die Schnittkanten in der Mitte etwas mit dem Smoother angleichen und die Ränder und die Oberfläche ebenfalls mit dem Smoother glätten. 1/1-Marzipan braun einfärben, 2 mm dick ausrollen, mit den Impression Mats Steinstruktur strukturieren und in 4 cm breite Streifen schneiden. Mit dem Airbrush etwas nachschminken und um den angefeuchteten Tortenrand legen. Den Marzipan zu einer dünnen Stange rollen und über der Steinstruktur ansetzen, mit dem Modellierholz einkerben.

HERSTELLUNG GRUNDPLATTE

Gelatinezucker 2 mm dick ausrollen, in den Maßen 100 cm/85 cm ausschneiden. Bei einem so großen und aufwändigen Schaustück empfiehlt es sich, eine Kunststoffplatte zurechtschneiden zu lassen, um das Schaustück vor dem Verzehr der Torte ohne Probleme abnehmen zu können, denn in den meisten Fällen wird das Büfettschaustück entweder weitergenutzt, versteigert oder verschenkt. Die Grundplatte nach dem Trocknen auf die Kunststoff- oder Holzplatte setzen, am besten eine Antirutschmatte unterlegen.

HERSTELLUNG SCHRIFT

Königsberger Marzipan 2 mm dick ausrollen und die Buchstaben ausstechen, antrocknen lassen und abflämmen.

HERSTELLUNG WILDROSEN

Weiße Blumenmasse 1,5 mm dick ausrollen und die Wildrosen (Hundsrosen) mit dem Wildrosenausstecher ausstechen. Mit dem Modellierholz Nr. 5 (Augenholz) die Ränder auf dem Blumenpad ausdünnen, dies ergibt die Blütenform. In Pralinenformen (Trüffel) zum Trocknen einlegen, die Ränder leicht apricotfarben absprühen. Mit gelbem Marzipan, durch ein Sieb gedrückt, den Blütenstempel darstellen. Ebenso die Blätter aus grüner Blumenmasse ausstechen und mit dem Silikonblattformer strukturieren.

HERSTELLUNG GRUNDRISS

Gelatinezucker 2 mm dick ausrollen und über eine Röhre, Ø 16 cm/Höhe 55 cm, legen, mit Powder Icing die Enden verbinden und alles gut trocknen lassen. Diese Röhre dient als tragendes Gerüst für den gesamten Aufbau der Kirche. Den Grundriss der Frauenkirche auf das gewünschte Maß vergrößern und 2 Grundplatten aus Gelatinezucker herstellen. Bei einer in der Mitte einen Kreis ausschneiden im selben Durchmesser wie der Turm (Ø 16 cm). Zuerst die Einzelteile aus ausgerolltem Gelatinezucker herstellen. Mit einem Metallausstecher Türen und Fenster ausstechen.

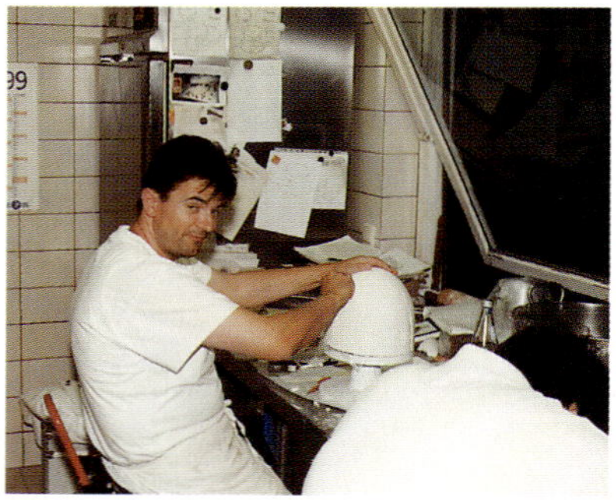

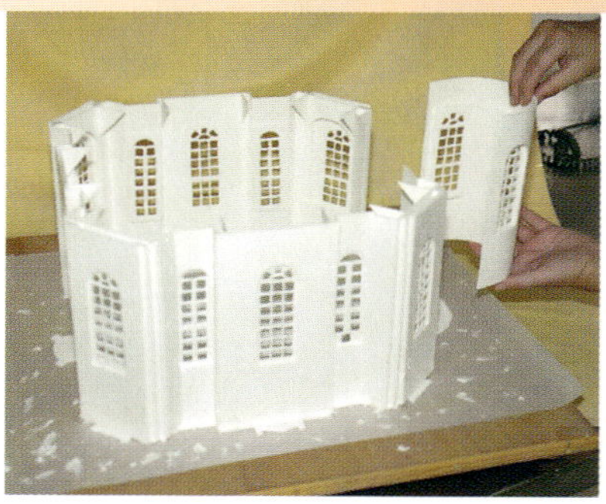

HERSTELLUNG KUPPEL

Grundform der Kuppel aus aufeinander geklebten Styroporstücken fertigen. Form grob zurechtschneiden, mit Schmirgelpapier glätten, mit Schrumpffolie eindecken und dann mit 1,5 mm dick ausgerolltem Gelatinezucker eindecken. Auf der Grundform gleich die Fenster mit ausstechen. Der Durchmesser sollte genauso groß sein wie die der Röhre.

HERSTELLUNG AUFBAU

Auf den Grundriss die einzelnen Bestandteile mit Powder Icing aufsetzen und mit kleinen Zwischenstücken vervollständigen. Den Mittelbau (Röhre und Kuppel) aufstellen, die Kuppel mit Powder Icing befestigen. Den 2. Grundriss mit dem ausgeschnittenen Kreis auf den Zwischenstock aufsetzen und mit Powder Icing befestigen. Aus dünn ausgerollter Pastillage sich verjüngende Streifen schneiden, um das Pultdach der Kuppel zu gestalten. Dazu Streifen mit Powder Icing an der Kuppel ansetzen und auf dem Zwischenstock befestigen. Auf dem Zwischenstock die Türmchen und die Erhöhungen der Seitensegmente mit dünn ausgerollter Pastillage aufbauen.

HERSTELLUNG MARZIPAN-VERKLEIDUNG

Modelliermarzipan leicht braun einfärben und 2 mm dick ausrollen. Mit den Impression Mats Steinstruktur strukturieren. Zunächst die einzelnen Segmente verkleiden, den Marzipan auf den angefeuchteten Gelatinezucker aufsetzen und die Fenster mit Hilfe einer Pappschablone ausschneiden. Auf die Ecken schmale Streifen aufsetzen und mit einem Kapitell schmücken. Die Kuppel mit dem Marzipan eindecken, erst danach mit den Impression Mats strukturieren. Beim Eindecken darauf achten, dass der Ansatz nach hinten kommt. Die Fensterlaibungen mit dem Marzipan verkleiden und mit dem Modellierholz eine Steinstruktur eindrücken.

Rezepturen
Tortenböden und Füllungen

Bei der Auswahl der Rezepturen wurde auf die Stabilität der Böden und Füllungen besonders geachtet, da die Torten meist mit größeren oder kleineren Aufsätzen geschmückt sind. Bei größeren Schaustücken werden die Torten in einzelnen Karrees vorbereitet, zurechtgeschnitten und auf der Tortenplatte zusammengesetzt. Dafür ist der Marzipanbiskuit mit Schokosplittern am besten geeignet. Als leichte Sommertorte ist die Joghurtmoussetorte mit zarten Mandelböden empfehlenswert.

Marzipanbiskuit mit Schokosplittern

Biskuit mit hohem Anteil an Marzipan und Kuvertüre – hervorragend geeignet für große Schau- und Hochzeitstorten oder Formtorten, die zurechtgeschnitten werden müssen.

Marzipanbiskuit mit Schokosplittern

300 g Marzipan
300 g Persipan
75 ml Wasser
9 Eigelb
9 Eiweiß
Zitrone
Vanille
Salz
150 g Zucker
150 g gesiebtes Mehl
180 g geschmolzene Butter
150 g Kuvertüre, gehackt oder als Tropfen
Konfitüre

Mürbeteig (Rezept Seite 236)

Rumtränke (Rezept Seite 237)

Vanillecreme/Fettcreme (Rezept Seite 236)

HERSTELLUNG:
Marzipan und Persipan mit Wasser, Eigelben, Zitrone, Vanille und Salz schaumig rühren. Dann Eiweiße mit Zucker aufschlagen.
Zuerst 1/3 des Eiweißes unter die Marzipan-Persipan-Masse heben, dann den Rest. Mehl, erwärmte Butter und zum Schluss Kuvertüre beigeben und unterheben.
Achtung: Kuvertüre muss zuletzt beigegeben werden, da sonst die heiße Butter die Kuvertüre anschmilzt.

BACKZEIT:
etwa 50 Minuten bei 180 bis 190 °C / Zug geöffnet

FERTIGSTELLUNG:
Torte auskühlen lassen, aus dem Ring schneiden und oben begradigen. Vorbereiteten Mürbeteigboden mit Konfitüre einstreichen, Marzipanbiskuit aufsetzen, mit Rumtränke leicht tränken, dann mit Vanillecreme/Fettcreme einstreichen.

Joghurtmoussetorte

Diese Torte ist speziell für den Sommer geeignet. Einzeln gebackene Mandelböden werden im Ring mit einer lockeren Joghurtmousse gefüllt. Die Auswahl des Joghurt oder des Fruchtmarks kann nach Geschmack getroffen werden.

Mandel-Böden

10 Eier
200 g Zucker
200 g Marzipan
Zitrone
Vanille
Salz
200 g Mehl
50 g Weizenpuder
gehobelte Mandeln

HERSTELLUNG BÖDEN:
Eier trennen, Eigelbe mit 100 g Zucker, Marzipan, Zitrone, Vanille und Salz schaumig rühren. Eiweiße mit dem restlichen Zucker aufschlagen. 1/3 der Masse mit einem Spatel unter die Eigelbmasse heben, dann das restliche Eiweiß, anschließend das gesiebte Mehl und Weizenpuder unterheben. 6 Böden aufstreichen ein paar gehobelte Mandeln aufstreuen und backen.

BACKEN:
bei 220 °C / Zug geöffnet

Füllung Joghurtmousse

1500 g Pfirsich-Joghurt
300 g Quark
250 g Zucker
14 Blatt Gelatine
250 g Eiweiß

HERSTELLUNG JOGHURTMOUSSEFÜLLUNG:
Pfirsich-Joghurt, Quark und 150 g Zucker zusammenrühren. Die Gelatine in kaltem Wasser etwa 5 Minuten einweichen, dann ausdrücken. Joghurtmasse auf etwa 35 °C erwärmen, die ausgedrückte Gelatine zugeben und auflösen. Wenn sich die Gelatine nicht vollständig auflöst, nochmals etwas erwärmen. Dann Joghurtmasse wieder abkühlen lassen. Das Eiweiß mit 100 g Zucker aufschlagen, vorsichtig 1/3 der Masse, dann den Rest mit dem Schneebesen unterrühren.

Sonstige Zutaten

etwas Speiseöl
Puderzucker

Pfirsichlikörtränke (Rezept Seite 237)

FERTIGSTELLUNG:
Tortenring hauchdünn mit Speiseöl ausstreichen und in Puderzucker wälzen, dann Torte im Ring einsetzen. Die Mandelböden jeweils etwas mit Rumtränke anfeuchten.
Alternativ zur Joghurtmoussefüllung kann auch eine Orangenschaumcreme verwendet werden.

Orangenschaumcreme

500 ml Orangensaft
200 g Zucker
20 g abgeriebene Orangenschale
2 cl Zitronensaft
40 g Weizenstärke
16 g Gelatine (8 Blatt)
120 g Eigelb (6 Eigelb)
300 g Eiweiß (10 Eiweiß)
150 g Zucker

Orangensaft, Zucker, abgeriebene Orangenschale, Zitronensaft und Weizenstärke zusammenrühren und aufkochen lassen. Gelatine einweichen, ausdrücken, dann in der noch warmen Orangensaftmasse auflösen. Eigelbe einrühren. Eiweiße mit Zucker zu einem festen Schnee aufschlagen und unter die heiße Creme ziehen. Die noch heiße Creme sofort verarbeiten.

Mandelbiskuit mit Marzipanfüllung

Genueser Biskuit, gefüllt mit einer Masse aus Marzipan, Aprikosenkonfitüre und Rum

Mandelbiskuit

12 Eier
180 g Zucker
80 g Marzipan
Salz
abgeriebene Zitronenschale
110 g Mehl
110 g Weizenpuder
160 g Butter, flüssig

HERSTELLUNG MANDELBISKUIT:
Eier trennen, Eigelbe mit Marzipan, 50 g Zucker, einer Prise Salz und abgeriebener Zitronenschale aufschlagen, Eiweiße mit 130 g Zucker aufschlagen.
Nun mit einem Spatel 1/3 des geschlagenen Eiweißes unter die Ei-Marzipan-Masse heben, unterarbeiten, dann den Rest des Eiweißes zugeben und unterheben. Gesiebtes Mehl und Weizenpuder untermelieren und zum Schluss die flüssige Butter unterheben. 6 Böden ausstreichen und bei 220 °C abbacken.

Marzipanfüllung

700 g Marzipan MO
500 g Aprikosenkonfitüre
100 g Rum

HERSTELLUNG MARZIPANFÜLLUNG:
Marzipan MO, Aprikosenkonfitüre und Rum zusammen aufschlagen und sofort verarbeiten.

Mürbeteig

1000 g Mehl
500 g Butter
400 g Zucker
50 g Wasser
10 g Salz
1 Ei
Vanille
Zitrone

HERSTELLUNG MÜRBETEIG:
Mürbeteig aus Mehl, Butter, Zucker, Wasser, Salz, Ei, Vanille und Zitrone fertigen, kühl stellen, 2 mm dick ausrollen und als einzelne Böden abbacken.

Rumtränke (Rezept Seite 237)

Vanillecreme/Fettcreme (siehe unten)

FERTIGSTELLUNG:
Mürbeteigboden mit Konfitüre bestreichen und ersten Mandelbiskuitboden auflegen. Einen Ring umlegen und Schicht für Schicht mit Marzipanfüllung und Mandelbiskuit aufbauen. Jeden Boden leicht mit Rumtränke befeuchten.
Einen Tag ruhen lassen, dann dünn mit Vanillecreme/Fettcreme einstreichen und eindecken.

Vanillecreme / Fettcreme

500 ml Milch
50 g Zucker
Salz
Vanille
2 Eigelb
40 g Cremepulver
350 g Butter
80 g Erdnussfett

Eigelbe und das Cremepulver mit etwa 100 ml Milch anrühren. 400 ml Milch, Zucker, Vanille und 1 Prise Salz zum Kochen bringen, Cremepulver-Eigelb-Masse einrühren, abbinden lassen, dann kühl stellen.
Butter mit Erdnussfett aufschlagen, die abgekühlte Milchcreme zugeben, zusammen weiter aufschlagen und eventuell nach Geschmack verfeinern.

Schokoboden, mit Canachecreme und Preiselbeeren gefüllt

Rezept Schokoboden

300 g Vollei
125 g Eigelb
250 g Zucker
50 g Emulgator
70 g Wasser
150 g Mehl
50 g Kakao
5 g Backpulver
Zitrone
5 g Salz
4 g Zimt
150 g gemahlene Haselnüsse
125 g Backmargarine

Canachecreme

160 ml Sahne
70 g Zucker
200 g gehackte Kuvertüre
200 g Butter

250 g Wildpreiselbeer-Kompott

Mürbeteig (Rezept Seite 236)

Weinbrandtränke (siehe unten)

HERSTELLUNG SCHOKOBODEN:
Backmargarine in der Mikrowelle erwärmen, gemahlene Haselnüsse untermischen, durcharbeiten, bis eine weiche Haselnussmasse entsteht, dann beiseite stellen.
Vollei und Eigelb in der Maschine aufschlagen, dann Zucker und Wasser mit dem Emulgator mischen und ebenfalls anschlagen. Nach dem Anschlagen zu der Eimasse geben und weiter aufschlagen.
Danach zuerst die gesiebten Trockenbestandteile Mehl, Kakao, Backpulver, dann Zitrone, Salz und Zimt und zuletzt die weiche Haselnussmasse unterheben. Etwa 50 Minuten bei 190 °C und gezogenem Zug backen. Den Boden 2-mal mit einem Tortenmesser aufschneiden und auseinander legen.

BACKZEIT:
etwa 50 Minuten bei 180 bis 190 °C / Zug geöffnet.

HERSTELLUNG CANACHECREME:
Sahne mit Zucker aufkochen, gehackte Kuvertüre zugeben, Kuvertüre schmelzen, dann Masse abkühlen lassen. Butter temperieren, beigeben und alles zu einer Creme aufschlagen.

FERTIGSTELLUNG:
Mürbeteigboden mit etwas Wildpreiselbeer-Kompott bestreichen und den 1. Tortenboden auflegen. Mit Weinbrandtränke etwas anfeuchten und etwa 300 g der Canachecreme aufstreichen. Den 2. Boden auflegen, ebenfalls leicht tränken und 250 g Wildpreiselbeer-Kompott aufstreichen. Den letzten Boden auflegen, tränken und die Torte mit dem Rest der Canachecreme einstreichen. Einen dünnen Marzipandeckel ausrollen und auflegen, anschließend die eingesetzte Torte vorübergehend umdrehen, damit die Oberseite schön glatt ist.

Läuterzucker

1820 g Zucker
1000 ml Wasser

Zucker und Wasser verrühren, erhitzen, kurz vor dem Aufkochen mit einem kleinen Sieb abschäumen und dann aufkochen lassen. Lösung hat etwa 28 °Bé.

Rumtränke / Weinbrandtränke / Pfirsichlikörtränke

1/3 Läuterzucker
1/3 Wasser
1/3 Alkohol (Rum bzw. Weinbrand oder Pfirsichlikör)

Alle 3 Bestandteile zu gleichen Teilen zusammenmischen.
Achtung: Nicht mehr Läuterzucker als 1/3 der Menge, da die Tränke sonst zu süß wird. Die Tränke kann durch die Variation des Alkohols entsprechend verändert werden.

Basisrezepte

Gelatinezucker

6 Blatt Gelatine
30 ml Wasser
1 EL Glukose
200 g Weizenpuder
400 g Puderzucker
evtl. etwas Pflanzenfett
Folie

Gelatine etwa 5 Minuten in kaltem Wasser einweichen, dann gut ausdrücken. 30 ml Wasser mit 1 EL Glukose erwärmen. Gelatine einrühren und vollständig auflösen. Weizenpuder und Puderzucker im Ofen erwärmen, in die Flüssigkeit einrühren und unterarbeiten, bis eine homogene, glatte Masse entsteht. Sollte sich die Masse nicht richtig verbinden, diese in der Mikrowelle nochmals leicht erwärmen. In Folie eingewickelt, ist die Masse lange haltbar. Zur Verwendung entsprechendes Stück abschneiden, in der Mikrowelle anwärmen und weiterverarbeiten.
Dieses Grundrezept wird durch Zugabe einer geringen Menge Pflanzenfett geschmeidiger. Durch die Erhöhung des Wasseranteils lässt sie sich leichter anwirken und bearbeiten.

Modellierschokolade

100 g Läuterzucker (Rezept Seite 237)
150 g Glukose
500 g Kuvertüre
Plastikfolie

Läuterzucker mit Glukose erwärmen, flüssige untemperierte Kuvertüre zugeben und unterrühren, mit Plastikfolie abdecken, 1 Tag stehen lassen, Stück nach Bedarf abschneiden, mit der Hand geschmeidig kneten oder vorsichtig in der Mikrowelle erwärmen.

Spezialmasse

Gelatinezucker und Modellierschokolade im Verhältnis 1:1 mischen und gut durchkneten. Luftdicht in Folie verpackt, ist sie sehr lange haltbar. Uneingepackt bleibt die Masse etwa 1 bis 2 Tage plastisch, dann wird sie hart.

Spezialmasse ist universell einsetzbar und für vielerlei Dekorzwecke zu gebrauchen. Dünn ausgerollt, mit Modellierhölzern eine Holzstruktur aufgebracht, in dünne Streifen geschnitten, ergibt sie realistische Holzbretter, die zu Schildern, Ställen oder Pergolen verarbeitet werden können. Spezialmasse eignet sich auch gut zum Ausstechen.

Übersättigte Zuckerlösung

2500 g Zucker (Feinkristall)
1000 ml Wasser

Zucker in Wasser auflösen, kurz aufkochen und kalt werden lassen.

Felsenzucker

1 kg Feinkristallzucker
300 g Wasser
10 g Spritzglasur
Airbrush
Lebensmittelfarben, flüssig
(Gelb, Braun, Grün, Rot)

1 kg Feinkristallzucker mit 300 g Wasser auf 120 °R oder 150 °C kochen. Den Topf ins kalte Wasserbad stellen, um die Masse abzuschrecken. Spritzglasur hinzufügen und mit dem Spatel kräftig umrühren. Der Zucker nimmt an Volumen zu, fällt jedoch wieder zusammen. Das Rühren wird fortgesetzt, und nach wenigen Sekunden beginnt der Rekristallisationsprozess, das heißt, die Masse wird voluminös. Nun ausgießen und auskühlen lassen. Um eine schöne Felsenstruktur zu erhalten, das Stück mit einem stabilen Messer zurechtschneiden, aufrauen und beschlagen. Mit dem Airbrush zuerst gelb, dann braun absprühen, mit grüner und roter Farbe Effekte aufsprühen.

Happiolamasse

200 g Mehl
200 g Staubzucker
4 Eier

Mehl sieben, Zucker und Eier beigeben, alles glatt rühren und über Nacht stehen lassen. Happiolamasse eignet sich besonders zum Auslassen der Brandmasseornamente. Nach dem Auslassen backen.

Brandmasse für Ornamente

320 g Wasser
120 g Butter
280 g Mehl
200 g Vollei
170 g Eigelb
evtl. Eiweiß oder Wasser
Dauerbackfolie

Wasser und Butter aufkochen, gesiebtes Mehl zugeben und kräftig umrühren, bis sich die Masse zum Kloß zusammenballt und eine weiße Schicht auf dem Topfboden zu sehen ist. Masse umfüllen, abdecken, etwas abkühlen lassen, dann Eier mit der Maschine nach und nach unterrühren, bis eine gleichmäßige glatte Masse entsteht. Um feine Ornamente oder Dekorteile zu spritzen, kann der Masse etwas Eiweiß oder Wasser untergerührt werden, bis die gewünschte Konsistenz erreicht ist. Am besten auf eine dünne Dauerbackfolie spritzen.

Spritzschokolade

100 g Kuvertüre
30 ml Dosenmilch
10 g Glukosesirup

Kuvertüre, Dosenmilch und Glukosesirup in einer Tasse im Wasserbad auf 40 bis 50 °C erhitzen. Masse glatt rühren. Eventuell noch etwas Dosenmilch zugeben, bis die Masse homogen ist.

Karamell

500 g Zucker
200 g Wasser
80 g Glukose (16 % der Zuckermenge)
Lebensmittelfarben, flüssig
10 Tropfen Weinsteinsäure oder Fruchtsäure

Zucker, Wasser und Glukose zusammenrühren, auf 158 bis 160 °C erwärmen, dann abschrecken. Bei 138 °C Farbe zusetzen. Zuletzt Säure zugeben, 2 bis 3 Minuten ziehen lassen, dann Karamell verarbeiten.

Pastillage

10 g Gelatine
Wasser
10 g Glukose
5 g Weinsteinsäure, kristallin
120 g Weizenpuder
250 bis 380 g Puderzucker

Gelatine in kaltem Wasser etwa 5 Minuten einweichen, herausnehmen und leicht ausdrücken. Glukose und Weinsteinsäure mit 10 ml Wasser aufkochen, ausgedrückte Gelatine zugeben. Weizenpuder und Puderzucker unterarbeiten und zu einer glatten Masse verarbeiten.

Dieses Pastillage-Rezept eignet sich besonders für feine Arbeiten mit dünn ausgerollter Masse. Die Pastillage trocknet schneller als Gelatinezucker und ist vielseitig einsetzbar.

Isomalt

Isomaltpulver in der Mikrowelle erwärmen oder in einem kleinen Topf schmelzen (Schmelztemperatur etwa 160 °C).

Isomalt, ein Zuckeraustauschstoff, der aus bearbeiteten Glukose- und Fruktosebestandteilen des Rübenzuckers hergestellt wird, zeichnet sich durch folgende Eigenschaften aus: zahnschonend, kalorienreduziert, diabetikergeeignet und angenehm in der Süße. Wird Isomalt über den Sinterungsbereich (etwa 145 °C) erhitzt, sinkt der Wassergehalt der Schmelze unter 2 %. Wird die viskose Flüssigkeit abgekühlt, entsteht eine glasartige Schmelze. Die Oberfläche der Schmelze ist auf Grund der geringen Hygroskopizität kaum klebrig. So lassen sich Isomalt-Schmelzen über einen langen Zeitraum lagern, ohne dass Rekristallisationen entstehen.
Der besondere Vorteil von Isomalt liegt in der einfachen Verarbeitung und in den vielfältigen Möglichkeiten der Gestaltung, insbesondere beim Gießen.

Powder Icing

Bei Powder Icing handelt es sich um eine spezielle Mischung aus Puderzucker, pfannengetrocknetem Trockeneiweiß und Zitronensäure. Es wird mit Wasser angerührt, kann feucht abgedeckt aufbewahrt und wieder aufgeschlagen werden. Auf Grund seiner Stabilität während und nach dem Spritzen eignet es sich hervorragend zum Spritzen feiner Ornamente und trocknet weitaus schneller als Eiweißspritzglasur. Insbesondere bei der Run-Out-Technik ist dadurch schnelles Weiterarbeiten gewährleistet.
Powder Icing ist reinweiß, gilbt kaum nach und kann mit Pasten- oder Flüssigfarben gut eingefärbt werden.
Da Powder Icing auf Trockeneiweißbasis hergestellt wird, besteht keine Salmonellengefahr.
Bei der Run-Out-Technik handelt es sich um eine Auslasstechnik. Konturen auf Dauerbackfolie nachspritzen. Wegen der schnellen Trocknung können die Flächen dann sofort ausgelassen werden, eventuell auch in unterschiedlichen Farben. Durch die weichere Konsistenz von Powder Icing entsteht eine schöne glatte sowie stabile Oberfläche.
Tipp: Das Powder Icing kann schnell unter einer gewöhnlichen Glühbirne getrocknet werden (Achtung: Keine Infrarot-Wärmelampe).

Schokoladeneinschlagmasse

Modellierschokolade herstellen und über Nacht stehen lassen. Dann mit Einschlagmasse im Verhältnis 1:1 mischen, zu einer glatten Masse verarbeiten, 1,5 mm dick ausrollen und Torte eindecken. Diese Mischung schmeckt herrlich nach Schokolade, lässt sich aber leicht wie eine normale Einschlagmasse verarbeiten. Beim Ausrollen nur wenig Puderzucker verwenden!

Torten eindecken

Einschlagmasse einfärben oder marmorieren

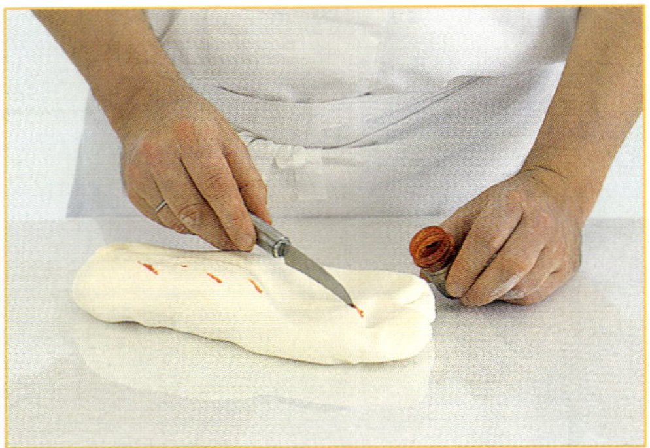

Zum Einfärben von Einschlagmasse eignet sich am besten Pastenfarbe. Wegen ihres geringen Feuchtigkeitsgehalts klebt die mit Pastenfarbe eingefärbte Einschlagmasse bedeutend weniger als mit flüssiger Lebensmittelfarbe eingefärbte.

Zum Einfärben die Pastenfarbe mit einem Zahnstocher aus dem Behälter entnehmen, auf die Masse auftragen und gleichmäßig in die Masse einarbeiten. Soll die eingefärbte Masse einen leichten Marmoreffekt aufweisen, nach dem vollständig gleichmäßigen Einfärben nochmals etwas Farbe auftragen und nur leicht einarbeiten, so dass noch Farbstreifen sichtbar sind.

Soll die Einschlagmasse nur marmoriert sein ohne durchgefärbten Grundton, Pastenfarbe auftragen, nur wenig unterarbeiten, dann direkt ausrollen. Für das Eindecken diejenige Seite nehmen, welche die schönste Maserung aufweist.

Beim Einschlagen von Torten mit Einschlagmasse, ob mit oder ohne Marmoreffekt, ist besonders auf die Vorarbeit zu achten. Wenn die Torte sauber und gerade eingesetzt ist, ist es auch kein Problem, sie ebenso einzudecken. Vor dem Ausrollen der Einschlagmasse sollten die Maße der Torte ermittelt werden, damit eine ausreichend große Fläche ausgerollt wird. Dann Einschlagmasse mit der Ausrollmaschine etwa 1,5 mm dick ausrollen. Dünnes Ausrollen der Einschlagmasse verhindert, dass diese den Geschmack der Torte überdeckt oder verändert. Alternativ dazu kann Einschlagmasse mit etwas Likör oder anderen Geschmackskomponenten verfeinert werden. Beim Ausrollen mit dem Rollholz ist darauf zu achten, dass der Tisch mit Puderzucker bestäubt ist. Während des Ausrollens muss immer wieder mit Puderzucker nachgestäubt werden. Bei dunkel eingefärbter Einschlagmasse Puderzucker nur spärlich einsetzen, da sonst unschöne Zuckerschlieren entstehen können, die auch mit dem Smoother oder einem trockenen Tuch kaum mehr zu beseitigen sind.

Zum Eindecken der Torte Einschlagmasse auf das Kunststoffrollholz aufrollen. Hierbei sollte sehr zügig gearbeitet werden, so dass die Einschlagmasse nicht allzu lange zusammengerollt bleibt, da die Masse sonst zusammenkleben würde. Einschlagmasse über der Torte gleichmäßig abrollen, Falten etwas auseinander ziehen und an der Torte anpassen. Tipp: Immer nach oben arbeiten, da sonst an den Kanten Risse entstehen können.

Nach dem Eindecken und Anpassen der Einschlagmasse (alternativ kann auch Marzipan verwendet werden) die Oberfläche mit dem Smoother glätten. Kleine Unebenheiten lassen sich mit diesem praktischen Hilfsmittel leicht ausgleichen. Dabei ist darauf zu achten, dass nicht zu stark gedrückt wird, damit die dünne Oberfläche nicht aufreißt.

Nach dem Anpassen der Einschlagmasse den überstehenden Rest der Masse mit dem Teigroller abschneiden.

Marzipan
Herstellung und Verwendung

Was wäre die kreative Konditorei mit ihren Schaustücken und themenbezogenen Torten ohne das universell verwendbare Material Marzipan. Ob für das Modellieren von Figuren oder die Herstellung von Rosen, ob zum Eindecken von Torten oder als Bestandteil von Füllungen: Marzipan ist stets ein wichtiger Bestandteil.

Beim Arbeiten mit Marzipan ist ganz besonders auf Hygiene zu achten. Saubere Tische und Hände sind dabei selbstverständlich.

Was ist Marzipan?
Nach den Leitsätzen für Ölsamen und daraus hergestellte Massen und Süßwaren ist Marzipan ein durch Anwirken von Rohmasse (2/3 Mandeln, 1/3 Zucker) mit Zuckerarten und/oder Zuckeralkoholen entstehendes Erzeugnis.

Die Qualität von Marzipan wird vom Zuckeranteil und der Mandelqualität bestimmt. Edelmarzipan hat einen geringen Zuckeranteil. Er wird aus 70 Teilen Marzipanrohmasse und 30 Teilen Zucker (70/30) hergestellt. Damit Marzipan nicht so schnell austrocknet, kann er mit Invertzucker und/oder mit Glukosesirup versetzt werden. Dieser ist hygroskopisch und schützt den Marzipan vor dem Austrocknen. Für Arbeiten, die einen geschmeidigen Marzipan erfordern, zum Beispiel das Eindecken von Torten oder das Modellieren kleiner Figuren, wird Marzipan mit einem geringen Puderzuckeranteil und etwas Glukosesirupzusatz verwendet, um die Frischhaltung und die Geschmeidigkeit zu verbessern.

Vom Handel wird eine Vielzahl von verschiedenen Qualitätsabstufungen als Fertigfabrikate angeboten. Hier die wichtigsten Grundsorten:

Modelliermarzipan ist eine sehr fein gewalzte Sorte ohne Schalenanteile. Der Zuckeranteil ist je nach Hersteller sehr unterschiedlich. Modelliermarzipan wird hauptsächlich zum Formen verwendet.

Marzipan, aus dem große Schaustücke gefertigt werden, sollte aus Stabilitätsgründen einen höheren Anteil an Zuckerzusatz und nur wenig oder gar keinen Glukosezusatzanteil haben. Hier empfiehlt es sich, **1/1-Marzipan** zu verwenden. 1/1-Marzipan besteht aus dem selben Anteil Marzipanrohmasse und Puderzucker. Dies ist die höchste Menge an Zuckerzusatz, die gesetzlich erlaubt ist.

Edelmarzipan hat maximal einen Zuckerzusatz zur Rohmasse von 42,8 % (70/30).

Als Spezialsorten sind zum Beispiel **Diabetiker- und Honigmarzipan** erhältlich.

Königsberger Marzipan
100 g Puderzucker in 1000 g Rohmarzipan einarbeiten, so dass eine homogene Masse entsteht. Königsberger Marzipan eignet sich gut zum Abflämmen. Dafür Marzipan formen, leicht trocknen lassen und im Salamander oder im Backofen braun werden lassen.

Möglichkeiten der Farbgebung bei Marzipan

Durchfärben

Die gebräuchlichste Art der Farbgebung bei Marzipan ist das Durchfärben. Lebensmittelfarben oder auch natürliche Stoffe wie Kakao werden in den Marzipan eingeknetet, bis eine gleichmäßige Färbung entsteht. Achtung: Mit dünnen Gummihandschuhen arbeiten!

Schminken mit dem Airbrush

Während beim Durchfärben der Marzipan vor dem Modellieren eingefärbt wird, wird beim Schminken mit dem Airbrush Farbe erst nach dem Modellieren aufgesprüht. Bei dieser Methode wird weniger Farbe benötigt als beim Durchfärben. Allgemein wirken mit dem Airbrush geschminkte Figuren lebhafter und stofflicher als mit durchgefärbtem Marzipan gefertigte Figuren, da beim Sprühen wesentlich mehr Farbnuancen entstehen.

Beim Schminken mit dem Airbrush mit einer hellen Farbe grundieren (z. B. Gelb), dann mit den gewünschten Farben nachsprühen. Häufig empfiehlt es sich auch, partiell Farbeffekte aufzusprühen. Wird mit durchgefärbtem Marzipan modelliert, kann auch mit einer etwas dunkleren Farbe abgesprüht werden.

Tipp: Flüssige Lebensmittelfarben mit Alkohol verdünnen. Die Farben sind dann weniger intensiv und lassen sich gleichmäßig auftragen.

Pulverfarben mit Alkohol aufschlämmen. Farbe trocknet schnell ab. Eine gleichmäßige Färbung entsteht. Achtung: Mit dünnen Gummihandschuhen arbeiten!

Schminken mit dem Pinsel

Speziell bei Obst lässt sich nach dem Schminken mit einem Pinsel noch sehr viel herausholen. Beispiel Apfel: Nach dem Modellieren und Schminken mit dem Airbrush in Gelb und etwas Grün wird ein Tropfen rote Farbe mit dem Pinsel aufgenommen, auf dem Papier etwas ausgestrichen und dann auf 2 Seiten des Apfels aufgetragen, so dass die Pinselstrukturen noch erhalten bleiben. Dieser Effekt kann mit dem Airbrush so nicht erreicht werden.

Mit Puderfarben und einem trockenen Pinsel lassen sich ebenfalls gute Ergebnisse erzielen.

Beispiel Gesichter: Die Wangen einer Figur mit Puderfarbe leicht hervorheben.

Schminken mit Kuvertüre

Hiermit ist das Absetzen der fertigen Figuren in Kuvertüre gemeint sowie auch das Absprühen von figürlichem Marzipan mit Kuvertüre. Zum Sprühen Kuvertüre mit 30 % Kakaobutter verdünnen.

Einschlagen von Torten

Beim Einschlagen einer Torte mit Marzipan ist besonders auf die Qualitätsstufe zu achten. Am besten eignet sich dazu Modelliermarzipan 1/0,5. Er reißt weniger schnell an den Kanten ab als selbst angewirkter Marzipan und hält bedeutend länger frisch, da er beim Herstellungsprozess schon mit Glukosesirup beziehungsweise Invertzuckersirup versetzt wird. Beim Eindecken darauf achten, dass die Falten leicht auseinander gezogen und an die Torte angepasst werden. Von unten nach oben arbeiten, so dass keine Risse an den Kanten entstehen. Zum Schluss mit dem Smoother glätten.

Blumendekor für Torten I

Bei vielen Torten wird der Tortendekor erst durch Blumen aus Marzipan oder Blumenmasse vervollständigt. Die Klassiker sind gewiss Rosen aller Arten, aber auch Frühlings- und Herbstblumen lassen sich für viele Torten verwenden.

Herstellung einer flachen Rose: Diese Art von Rose eignet sich besonders für Hochzeitstorten. Sie wird mit oder ohne Knospe gefertigt. Für die einfachste Art das 1. Blatt bis zu zwei Dritteln eindrehen, den Rest des Blattes umbiegen. Das nächste Blatt 2 bis 3 Millimeter höher ansetzen und nach außen biegen, mit Daumen und Zeigefinger die Blattkante leicht zusammendrücken, bis die typische Rosenblattform entsteht. Mit weiteren Blättern genauso verfahren, bis die gewünschte Größe erreicht ist. Kleiner Tipp: Die äußeren Blätter etwas höher ansetzen. Dadurch lassen sich die Blätter weiter nach außen biegen, die Rose gewinnt an Größe.
Der schnellste Weg zur Herstellung ist der, dass man Modelliermarzipan auf 2 mm ausrollt, mit einem runden Petits-Fours-Ausstecher aussticht und entweder mit der Rosenpresse oder mit der Hand die Blätter ausdünnt und zusammensetzt.

Hier zu sehen 3 verschiedene Arten von Rosen mit Knospe: die rosafarbenen mit einer dicken Knospe in der Mitte und mit wenigen Blättern; in der Mitte eine Rose mit etwas dünnerer Knospe und Blättern, die stärker nach außen gebogen sind. Unten ist eine Rose mit kleiner Knospe und mit vielen Blättern. Diese Rose ist natürlich etwas aufwändiger als die anderen, aber, leicht mit dem Airbrush abgesprüht, ein echtes Glanzlicht auf jeder Torte.

Eine weitere Rosenvariante ist, die fertigen Rosen mit einem Heißluftföhn abzuflämmen. Dazu einen etwas trockeneren Marzipan verwenden, da sonst durch die Wärmeeinwirkung die Blätter abknicken. Für Anwender, die keine Rosenpresse besitzen, hier eine einfache Möglichkeit, die Blattränder auszudünnen. Die ausgestochenen Marzipanblätter zwischen ein Stück Folie legen und mit einem Schaber die Ränder ausdünnen. Die Blätter mit dem Silikonblattformer profilieren.

Für sehr dünne Blattränder besteht die Möglichkeit, mit einer breiten Palette die Ränder auf dem Marmortisch abzuziehen. Achtung, dass die Ränder nicht zu dünn werden, da sie sonst leicht ausreißen. Die Blätter vorsichtig mit einer dünnen Palette vom Tisch lösen.

Verschiedene Arten von Rosen, in einem Bild dargestellt. Die Möglichkeiten reichen von der mit dem Airbrush geschminkten Rose über die abgeflämmten bis hin zu den mit Farbpuder und Pinsel kolorierten Rosen.

Die verschiedenen Möglichkeiten der Gestaltung sollten für die tägliche Praxis auch genutzt werden. So kann für eine mehrstöckige Hochzeitstorte mit vielen Rosen eine einfache Variante verwendet werden, wogegen für eine einstöckige Torte zu einem festlichen Anlass eine große elegante und vielblättrige Rose gewählt wird.

In diesem Fall genügt oftmals eine einzige große Rose, wenn man die Gestaltung der Torte eher schlicht und elegant hält.

Blumendekor für Torten II

Ausgewählte Varianten: Seerosen, Tulpen, Klematis, Dahlien…

Rosenblätter mit den Rosenblattformern aus dünner weißer Blumenmasse ausstechen, ausdünnen und als Rose zusammensetzen, mit oder ohne Knospe. Für die einfachste Art das 1. Blatt bis zu zwei Dritteln eindrehen, den Rest des Blattes umbiegen. Das nächste Blatt 2 bis 3 mm höher ansetzen und nach außen biegen, mit Daumen und Zeigefinger die Blattkante leicht zusammendrücken, bis die typische Rosenblattform entsteht. Dies ist aber nur bedingt nötig, da die Rosenblattausstecher diese Form bereits vorgeben. Mit weiteren Blättern genauso verfahren, bis die gewünschte Größe erreicht ist. Eine weitere, etwas aufwändigere Variante ist die, mit einem Blütenstempel zu arbeiten. Um diesen zuerst 3 kleinere Blätter gruppieren, dann wie oben verfahren.
Tipp: Die äußeren Blätter etwas höher ansetzen. Dadurch lassen sich die Blätter weiter nach außen biegen, und die Rose gewinnt an Größe. Für die äußeren Blätter einen größeren Ausstecher verwenden.
Diese Art von Rosen eignet sich besonders für Hochzeitstorten, die in zarten Farben eingedeckt sind.

Herstellung einer Seerose
Rote oder weiße Blumenmasse ausrollen und mit den 5-Stern-Ausstechern in 3 Größen ausstechen, auf dem Blumenpad mit dem Augenholz von außen nach innen ziehen. Die 3 Größen versetzt ineinander befestigen und etwas durch ein Sieb gedrückten Marzipan in die Mitte setzen.
Die Seerosenblätter aus grün gefärbter Blumenmasse dünn ausrollen, mit einem Serienring ausstechen, auf den Silikonblattformer Brombeer legen und strukturieren. Einen kleinen Keil ausschneiden und die Blattränder hoch biegen.

Herstellung Blätter
Blumenmasse mit Pastenfarbe grün einfärben und mit Ausstechern verschiedener Blattformen ausstechen oder mit dem Modellierholz Schneiderad eine Blattform ausschneiden und diese dann auf einem Silikonblattformer strukturieren. Diese haben den Vorteil, dass die Blätter verschieden sind in Größe und Form. Dadurch wirkt ein Arrangement aus Blüten und Blättern lebendiger.
Es gibt auch Ausstecher, die ein Blatt gleich fertig stellen und ein Blattmuster eindrücken.

Herstelllung Blüten
Mit dem Multifunktionsblütenset lassen sich mehrere unterschiedliche Blüten fertigen: Klematis, Tulpen und Osterglocken ebenso wie ein wunderschöner Weihnachtsstern. Dazu die Ränder auf dem Blumenpad ausdünnen und je nach Blüte entweder mehrere Blütenkränze aufeinander setzen oder bei der Tulpe die Blätter hoch biegen und auf eine zweite ausgestochene Blüte setzen. Blumenmasse dünn ausrollen, mit dem Nelkenausstecher Blüte ausstechen, diese locker zusammendrehen und mehrere zusammensetzen. Mit dem kleinsten Ausstecher grüne Blumenmasse ausstechen, unter die Blüte setzen und hoch biegen. Abschließend mit Farbpuder die Ränder der Nelke kolorieren. Im Vordergrund das Ausstecherset für große Margeriten oder Gerbera.

Herstellung Dahlien mit dem Blütenset
Aus farbiger Blumenmasse mit dem Blütenset einzelne Blüten ausstechen und auf dem Blumenpad die Ränder ausdünnen. Nun die Blütenränder mit Hilfe des Modellierholzes Augenholz hoch biegen und oben auf der Kugel des Augenholzes zusammendrücken. Nun die verschiedenen Teile zusammensetzen, dabei immer kleinere Blütenausstecher benutzen. So lange weiter verfahren, bis die Blüte nach oben geschlossen ist. Mit dem Blütenausstecher lassen sich auch sehr einfache Blüten herstellen, ausstechen und auf dem Blumenpad ausdünnen und zusammensetzen.

Möglichkeiten der Tortenrandgarnitur

Durch eine Vielzahl der möglichen Tortenrandgarnituren können Torten unterschiedlich gestaltet werden. Hier eine Auswahl (Spritzvorlagen für Tortenrandgarnituren finden Sie auf den Seiten 280 und 281):

Torte mit roséfarbener Einschlagmasse eindecken. Mit dem Randgarniturausstecher Bordüre aus weißer Einschlagmasse ausstechen und an den Tortenrand anlegen. Mit dem 5-Stern-Ausstecher kleine Blüten ausstechen und anbringen.
Zwischen die Blüten kleine Herzen mit Powder Icing spritzen.

Torte mit roséfarbener Einschlagmasse eindecken. Perlrand mit Hilfe einer Silikonform herstellen und mit kleinen ausgestochenen Herzen schmücken. Aus Powder Icing Bögen zwischen die Herzen spritzen und sich verjüngende Punkte unter die Bögen setzen.

Der untere und obere Rand dieser roséfarbenen Torte mit Randgarniturausstechern garnieren. Um einen plastischen, dreidimensionalen Effekt zu erhalten, die untere weiße Bordüre mit einer roséfarbenen aufdoppeln.

Tortenrand einer roséfarbenen Torte mit kleinen Powder-Icing-Punkten und ausgestochenen Herzen schmücken.
Bordüre mit dem Randgarniturausstecher herstellen und am unteren Tortenrand anbringen.

Randgarniturornamente und Randausstecher kombinieren.
Torte auf einen kippbaren Drehteller stellen, um den Rand zu garnieren.

Torte mit marmorierter Einschlagmasse eindecken, mit einem gedrehten Kordelrand schmücken und mit einer Randgarnierung versehen. Dazu Torte auf einen kippbaren Drehteller stellen.

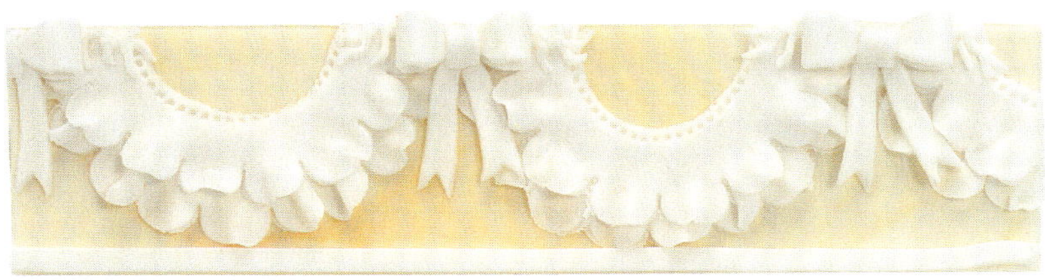

Tortenrand mit Rüschen und Schleifen aus Einschlagmasse garnieren. Rüschen mit dem Rüschenausstecher aus Einschlagmasse ausstechen, mit dem Rüschenholz nachbearbeiten, jeweils 2 Rüschen übereinander legen, so dass die untere hervorschaut. Die Schleifen mit einem Ausstecher herstellen. Am unteren Tortenrand einen dünnen Streifen Einschlagmasse anbringen. Für eine Hochzeitstorte sehr geeignet.

Torte mit gelber Einschlagmasse eindecken und mit Powder-Icing-Bögen schmücken. Dafür Powder Icing etwas fester halten. Oberen Rand mit kleinen Blüten verzieren, am unteren Rand eine mit dem Randgarniturausstecher hergestellte Bordüre anbringen

Eine einfache Variante des Tortenrandschmucks: Aus weißer Einschlagmasse mit einem Randgarniturausstecher mit kleinen Herzchen Bordüre ausstechen und am unteren Rand der Torte anbringen. Mit den ausgestochenen Miniherzen die Mitte des Tortenrands schmücken

Torte gelb eindecken, unteren Tortenrand mit einem zweifarbig gedrehten Kordelrand garnieren. Weiße Einschlagmasse dünn ausrollen, mit einem Randgarniturausstecher schmücken, Rand mit dem Rüschenholz bearbeiten und wie eine Decke auflegen. Mit etwas Light-Goldpuder wird der Rand vervollständigt.

Torte mit marmorierter Einschlagmasse eindecken, Gras mit grünem Powder Icing verschiedener Farbnuancen aufspritzen. Mit braunem Powder Icing die Rohrkolben anbringen und mit ausgestochenen Enten aus gelber Blumenmasse schmücken. Eine Variante, die speziell zum Frühling oder zu Ostern gut ankommt.

Mit braunem und grünem Powder Icing einzelne Sträucher aufspritzen, mit einigen herbstlichen Blättern und einer gespritzten Gans aus Powder Icing vervollständigen. Den unteren Rand mit grünem Powder Icing spritzen.

Papierschablone einer Stadtsilhouette ausschneiden oder im Bastelbedarf besorgen. Mit dem Airbrush und Lebensmittelfarben auf den Tortenrand aufsprühen. Eine sehr einfache Methode, einen Tortenrand zu gestalten. Einen Strang aus Einschlagmasse am unteren Tortenrand anbringen und mit dem Marzipankneifer schmücken.

Blüten mit dem Blütenstempel am Tortenrand in die Einschlagmasse eindrücken. Die Blüten leicht mit Light-Goldpuder kolorieren. Mit dem Randgarniturausstecher eine passende Bordüre herstellen und am unteren Tortenrand anbringen. Diese Tortenrandgarnitur eignet sich besonders für Hochzeitstorten.

Oberen Tortenrand mit dem Marzipankneifer bearbeiten. Den unteren Tortenrand mit ausgestochenen Kuvertüretalern schmücken. Diese Variante passt zu fast allen Thementorten oder Kleintorten.

Die Torte eindecken, mit den Patchworkstempeln den Rand profilieren. Die Oberfläche leicht mit einem trockenen Pinsel und Snow-Flake kolorieren. Am unteren Tortenrand eine gedrehte Kordel ansetzen, dann den oberen Rand mit halbierten Kreisen aus dem Rüschenausstecher schmücken, in der Mitte jeweils ein kleines Herz ausstechen. Den oberen Tortenrand mit den Marzipankneifern bearbeiten.

Papierschablone ausschneiden oder im Bastelbedarf besorgen, an den Tortenrand anlegen und mit dem Airbrush absprühen. Weiße Einschlagmasse ausrollen, 1 Stück zum Eindecken der Torte ausschneiden (Masse sollte etwa 1 cm über den oberen Rand reichen), Rand mit einem Randgarniturausstecher schmücken und auf die Torte auflegen. Den unteren Rand mit einer Kordel umlegen und mit den Marzipankneifern schmücken.
Dieser Tortenrand passt besonders zu modernen Torten.

Zartbitter-, Vollmilch- und weiße Dekormasse aufspritzen, abkühlen lassen, Dreiecke ausschneiden und im Wechsel mit Marzipanherzen am Tortenrand anlegen.

Torte eindecken, den Rand mit den Marzipankneifern bearbeiten. Kuvertüre auf Schmuckfolie aufstreichen, anziehen lassen, die Folie ablösen, Kuvertüre in Stücke brechen und dann an den Tortenrand ansetzen.

Einschlagmasse ausrollen, mit einem Strukturholz profilieren und mit einem Randgarniturausstecher schmücken. Besonders in Verbindung mit Snow-Flake eine interessante Oberfläche.

Mit Marzipan eingedeckte Torte mit den Impression Mats Steinstruktur profilieren, leicht nachschminken. Mit grünem Marzipan und einer entsprechenden Silikonform Blätterrand herstellen, am unteren Rand der Torte anbringen. Stoffvolant aus Marzipan mit Hilfe einer Silikonform herstellen, mit Snow-Flake kolorieren und am oberen Tortenrand befestigen. Kleine Blüten mit dem 5-Stern-Ausstecher fertigen und zwischen den Volants ansetzen.

Marzipan mit Kakao einfärben, ausrollen, eine Torte eindecken und mit Kuvertürebruch garnieren. Aus weißer Einschlagmasse eine Kordel drehen, am unteren Tortenrand umlegen und mit den Marzipankneifern schmücken. Zwischen den Bruch kleine Herzen aus weißer Einschlagmasse anbringen.

Hinterhof-Idylle à la Cats. Torte mit braunem Marzipan eindecken, mit den Impression Mats Steinstruktur profilieren und mit dem Airbrush leicht nachschminken. Den Mülleimer aus Einschlagmasse ausschneiden, mit den Modellierhölzern nachbearbeiten und kolorieren. Den Reifen aus Kuvertüre gießen. Grünen Marzipan durch ein Sieb drücken. Daraus Gras und Ranken herstellen. Kleine Reste aus Spezialmasse ergeben das Gerüst.

Torte mit Marzipan eindecken, mit den Impression Mats profilieren. Den unteren Tortenrand mit Gras (durch ein Sieb gedrückter grüner Marzipan) schmücken. Kürbisse mit Hilfe einer Form herstellen, Karotten formen, schminken und auf das Gras auflegen. Eine schöne Erntedanktorte.

Ein Band vorbereiteter Kuvertürefolie um den Tortenrand legen, erstarren lassen und abziehen. Den unteren Rand mit ausgestochenen Wolken aus Einschlagmasse schmücken. Darüber erst einen braunen Streifen, dann einen schmaleren weißen Streifen anbringen.

Die Torte eindecken, Struktur mit dem Quilt-Stempel eindrücken und leicht mit Snow-Flake kolorieren. Mit unterschiedlichen Randgarniturausstechern 2 Bordüren herstellen, am unteren und oberen Tortenrand anbringen.

Torte mit zart blauer Einschlagmasse eindecken, den Rand mit der Silikonform „Blätterrand" schmücken, ausgedrückte Turteltauben mit Snow-Flake kolorieren.

Torte roséfarben eindecken, den unteren Rand mit einer Kordel umlegen und kneifen. Mit einem Lilienstempel eindrücken und mit Light-Goldpuder kolorieren. Einschlagmasse dünn ausrollen, mit einem Randgarniturausstecher möglichst rund ausstechen, am Rand mit den Lochmuster-7-fach-Ausstechern einen Lochstickerei-Tischdeckeneffekt erzielen und über den Tortenrand hängen lassen.

Torte zart blau eindecken, den oberen Rand mit einer weißen Bordüre aus Einschlagmasse schmücken. Am unteren Rand einen gekniffenen Strang Einschlagmasse anbringen. Darüber einen Streifen aus Powder Icing spritzen.

Die Torte zart blau eindecken, Powder Icing als Schneeflocken auftupfen. Am unteren Rand leichte Schneedecke imitieren und ausgestochene Tannenbäume ansetzen. Die ideale Torte für die Weihnachtszeit.

Werkzeuge und

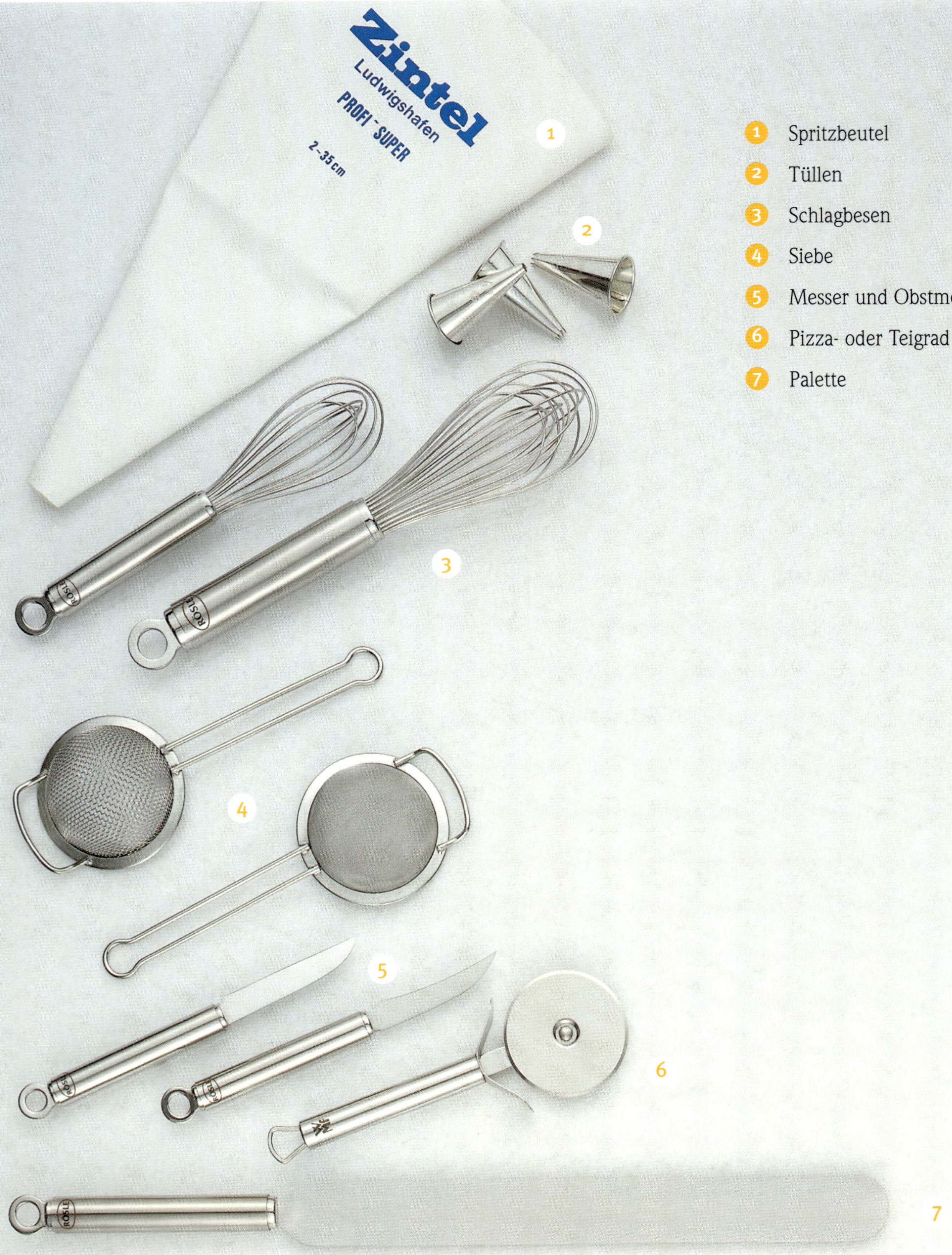

1. Spritzbeutel
2. Tüllen
3. Schlagbesen
4. Siebe
5. Messer und Obstmesser
6. Pizza- oder Teigrad
7. Palette

Arbeitshilfen

8 Schere
9 Pinsel
10 Breite Palette
11 Paletten verschiedener Größen
12 Winkelpaletten

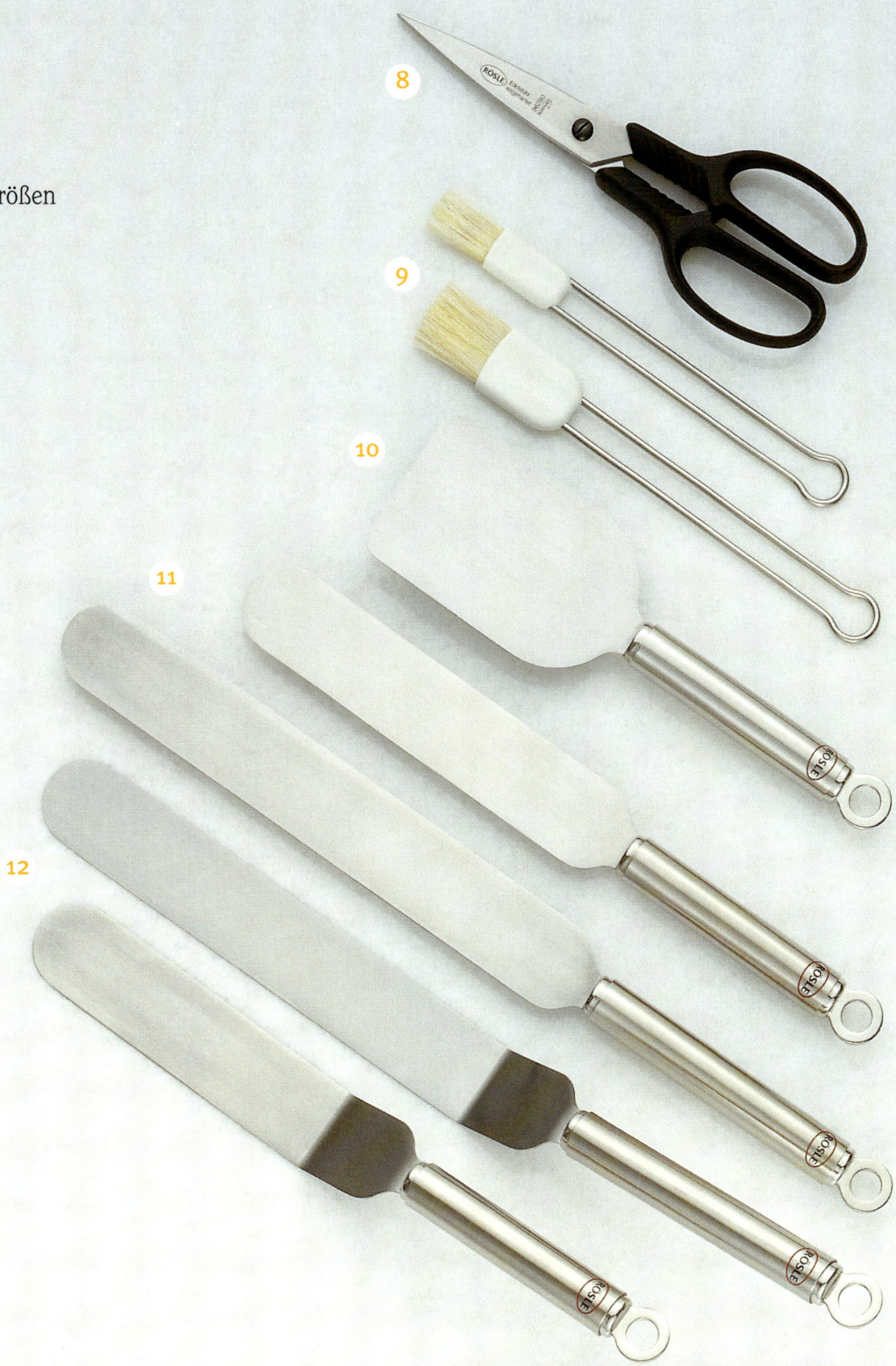

15
18
16
19
17
14
13
10
11
9
12

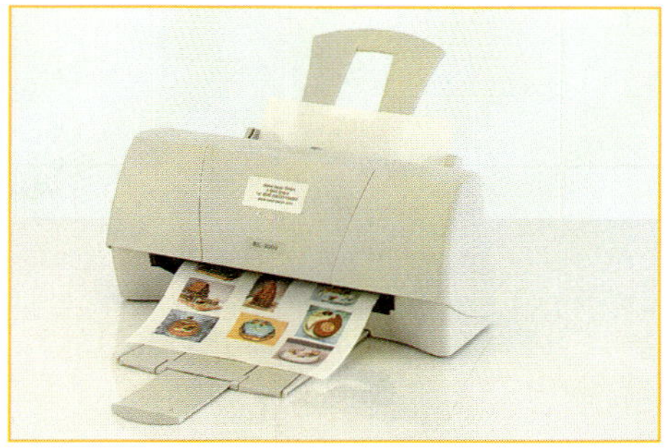

Dieser Inkjet-Drucker ist mit Druckerpatronen mit Lebensmittelfarbe ausgestattet. Mit ihm lässt sich ein eingescanntes Bild auf essbarem Material ausdrucken. Eine wirklich außergewöhnliche Möglichkeit, Torten zu gestalten, denn schwer modellierbare Themen lassen sich nun mit einem Originalfoto übertragen.

1. Modellierholz Nr. 3
2. Modellierholz Nr. 4
3. Modellierholz Nr. 1
4. Modellierholz Nr. 5
5. Modellierholz Nr. 6
6. Modellierholz Nr. 7
7. Modellierholz Nr. 8
8. Modellierholz Nr. 9
9. Smoother
10. Metallausstecher
11. Marzipanschneidedraht
12. Kneifer
13. Blütenausstecher
14. Kunststoffrollholz, klein
15. Silikonform Blüten
16. Blattformer
17. Ausstecher für ein Schild
18. Blumenpad
19. Schleifenausstecher
20. Pinsel und Farbpuder
21. Impression Mats
22. Quilt-Stempel
23. Randgarniturausstecher

Kopiervorlagen

MUSTERVORLAGE „EWIGE TREUE“ (Maßstab 1:1)

5 x Kroneneinzelteil

8 x Rundbogen

32 x Seitenteil

MUSTERVORLAGE „SÜSSER HEIRATSANTRAG“ (Maßstab 1:2)

Die Vorlage muss nicht exakt so übernommen werden, wichtig ist nur, dass die einzelnen Bögen eine Verbindung haben.

1 x Fußteil (bis gelbe Linie)
1 x Kopfteil (gesamtes Muster)

MUSTERVORLAGE „YING UND YANG“ (Maßstab 1:1)

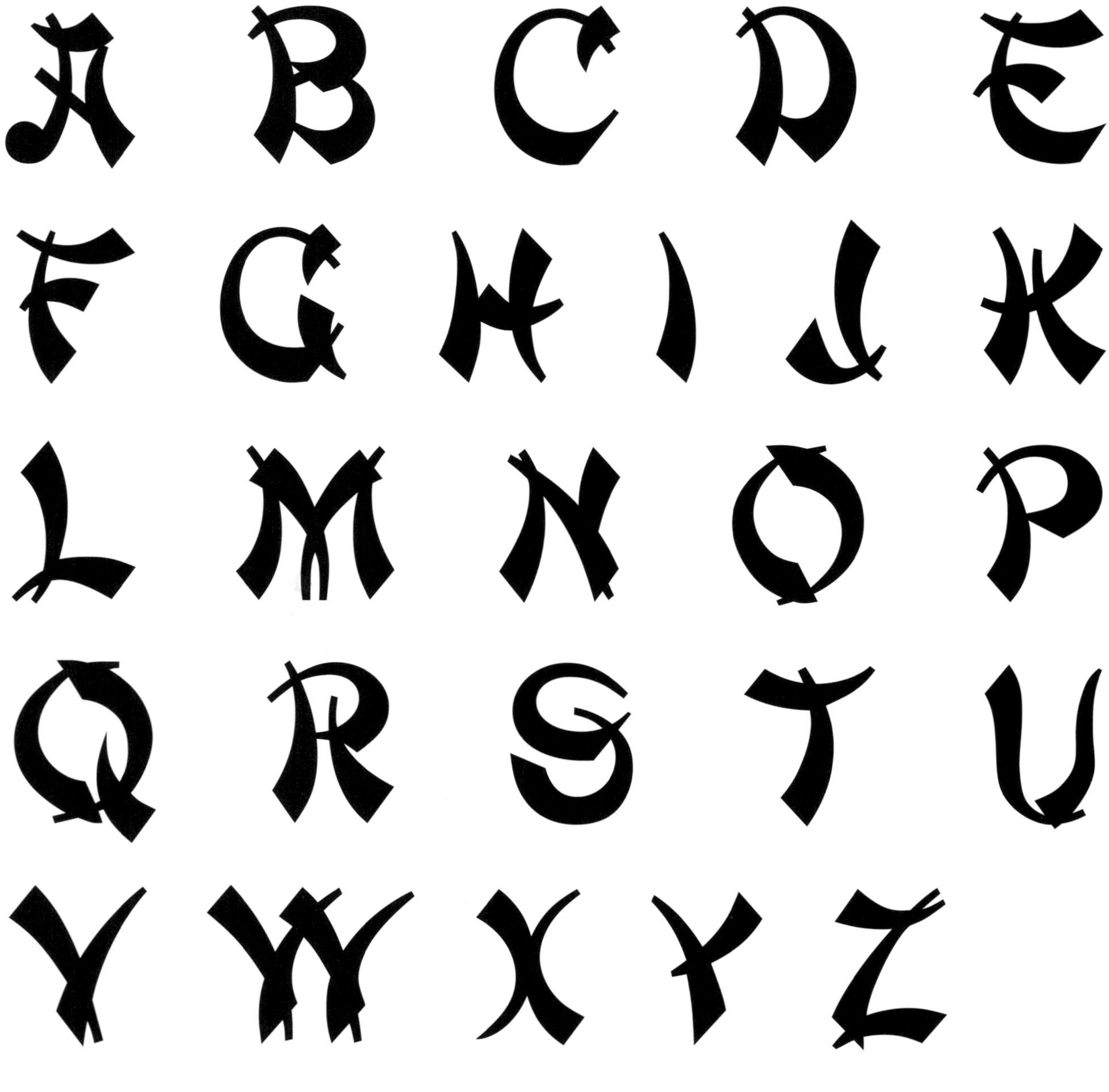

MUSTERVORLAGE „YING UND YANG“ (Maßstab 1:1)

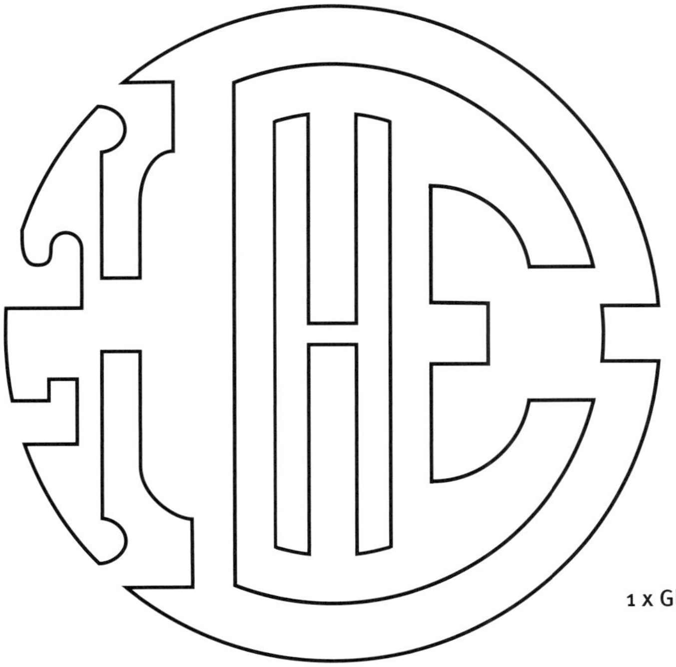

1 x Glücksymbol

1 x Emblem Kraniche

MUSTERVORLAGE „CHRISTINAS GEBURTSTAGSTORTE“ (Maßstab 1:1)

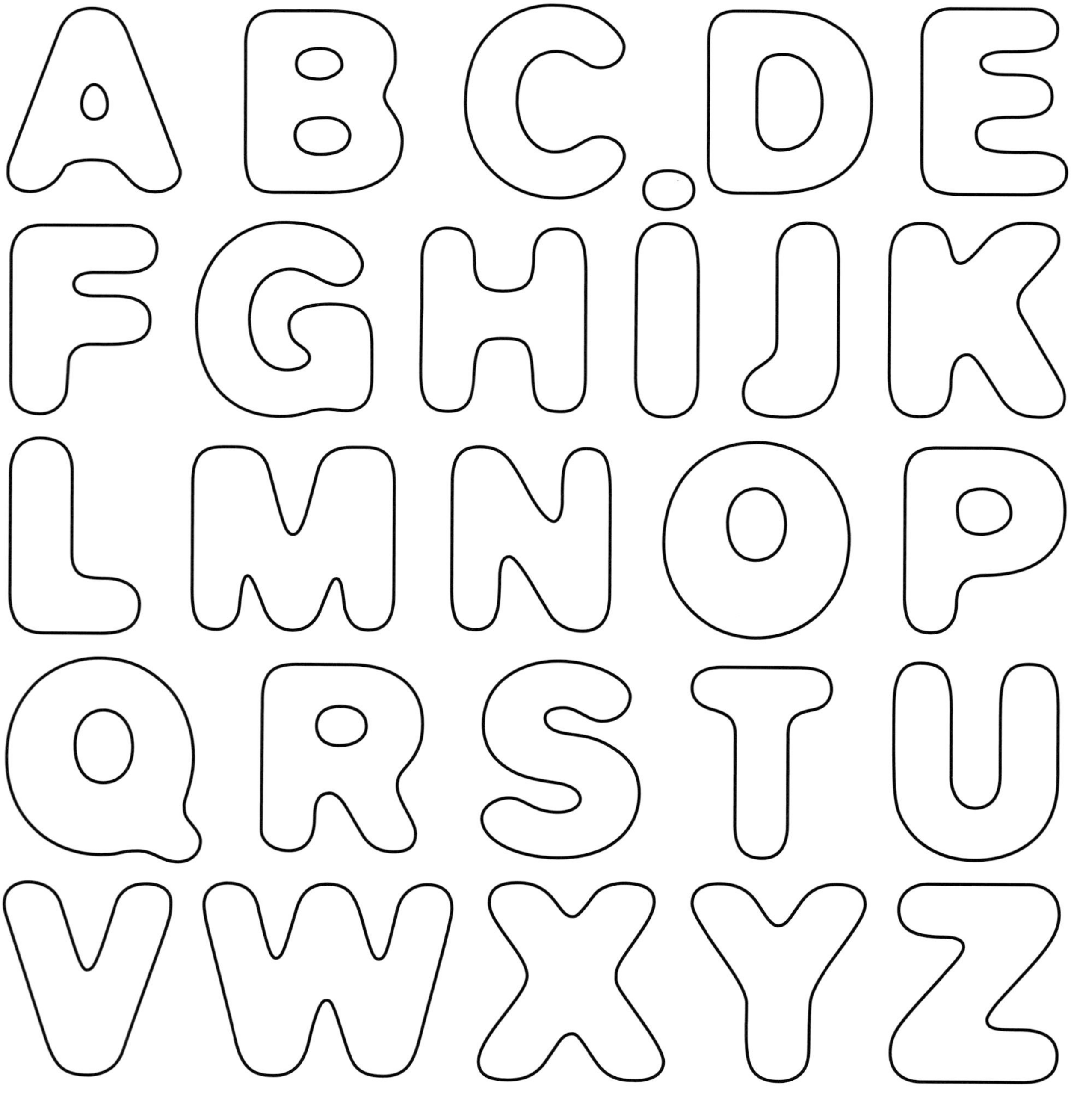

MUSTERVORLAGE „CHRISTINAS GEBURTSTAGSTORTE" (Maßstab 1:1)

MUSTERVORLAGE „CHRISTINAS GEBURTSTAGSTORTE“ (Maßstab 1:1)

MUSTERVORLAGE „FILIGRANE VERSUCHUNG“ (Maßstab 1:1)

16 x Randdekoration

32 x Seitenschleifen

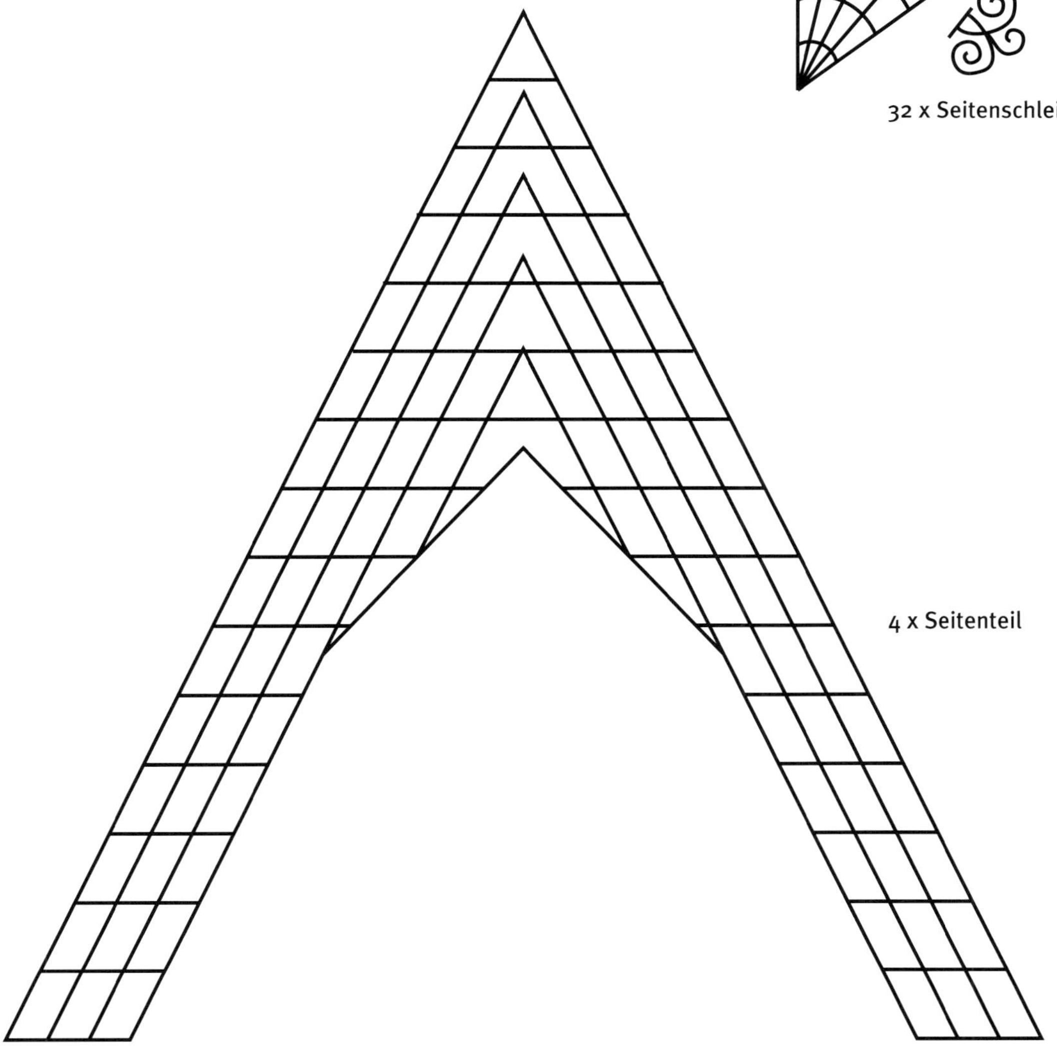

4 x Seitenteil

MUSTERVORLAGE „STRANDURLAUB“ (Maßstab 1:1)

1 x Thekenplatte

1 x Hüttenrückwand mit Markise

1 x Vorderteil

2 x Seitenteil

MUSTERVORLAGE „SYMPHONIE IN WEISS“ (Maßstab 1:1)

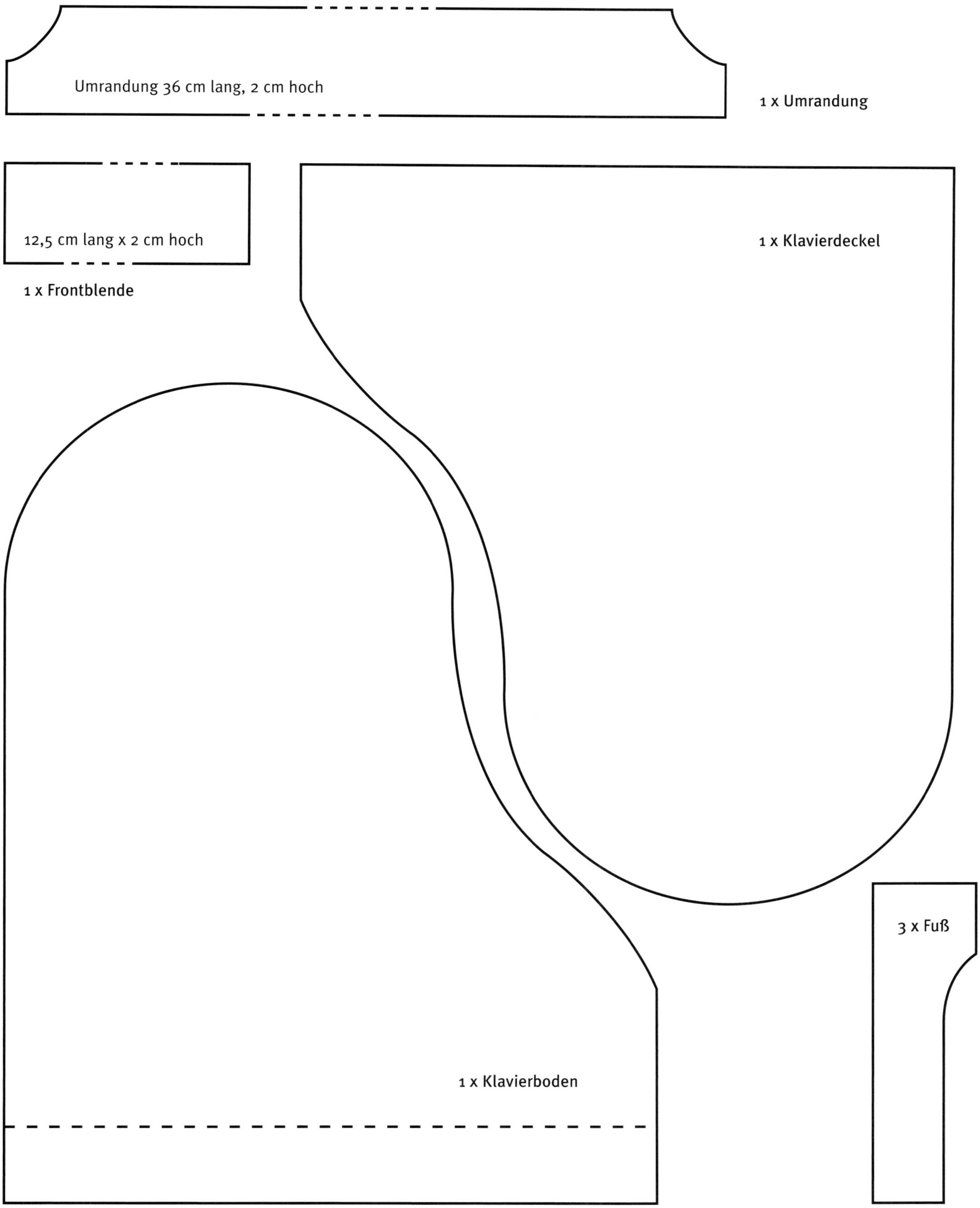

MUSTERVORLAGE „WEG INS GLÜCK“ (Maßstab 1:1)

2 x stilisiertes Brautpaar

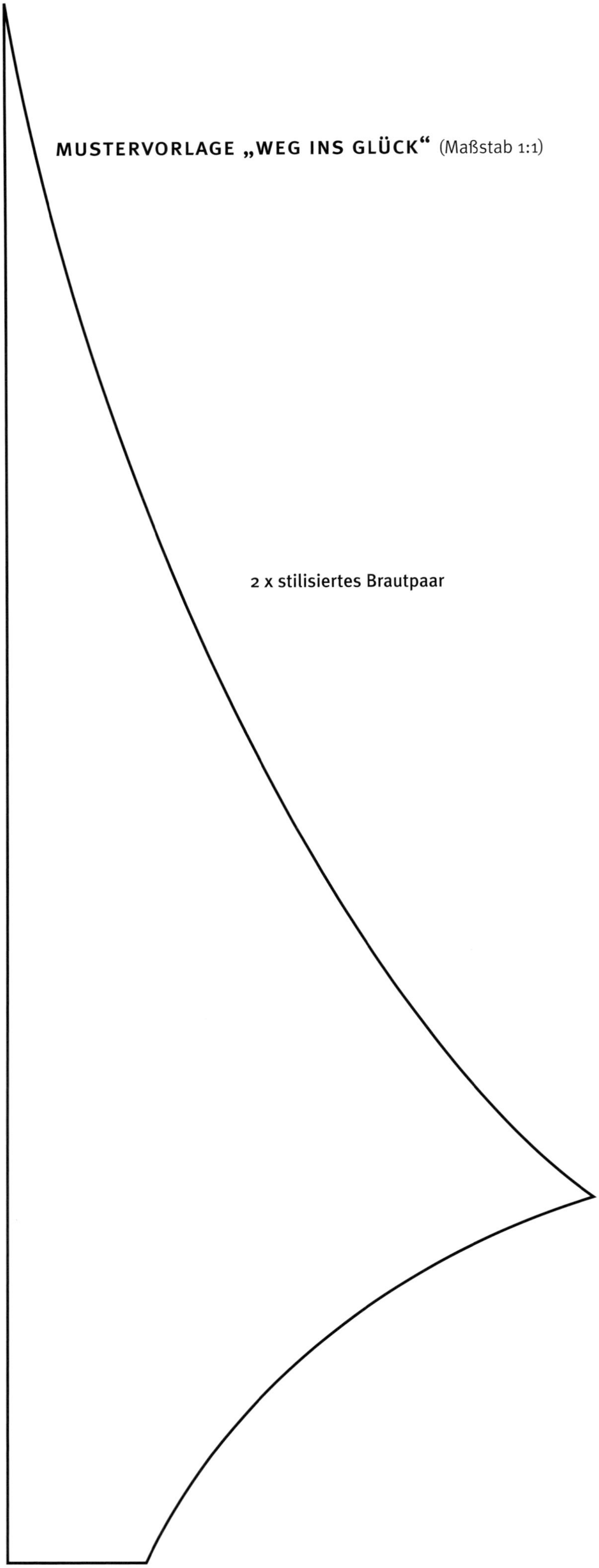

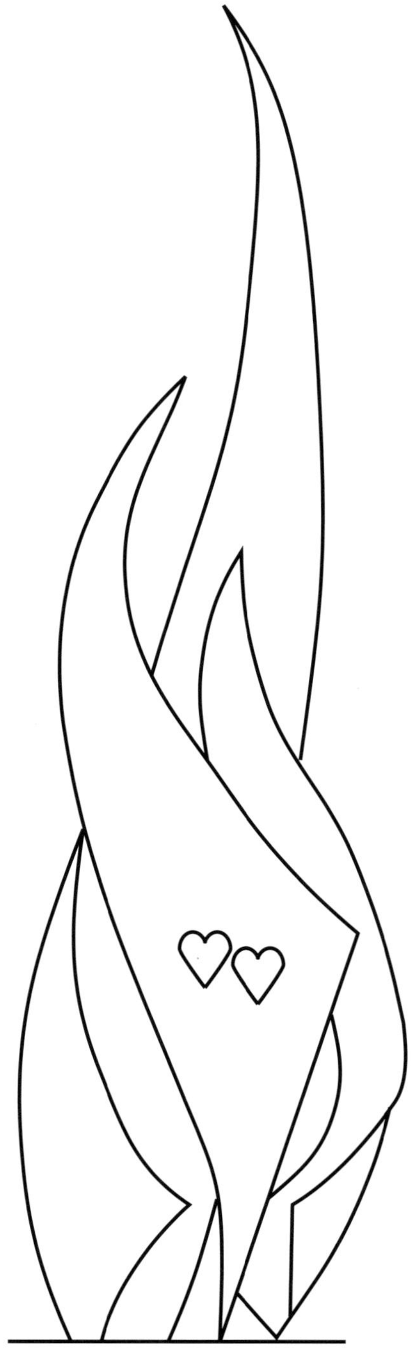

MUSTERVORLAGE „WEG INS GLÜCK“ (Maßstab 1:1)

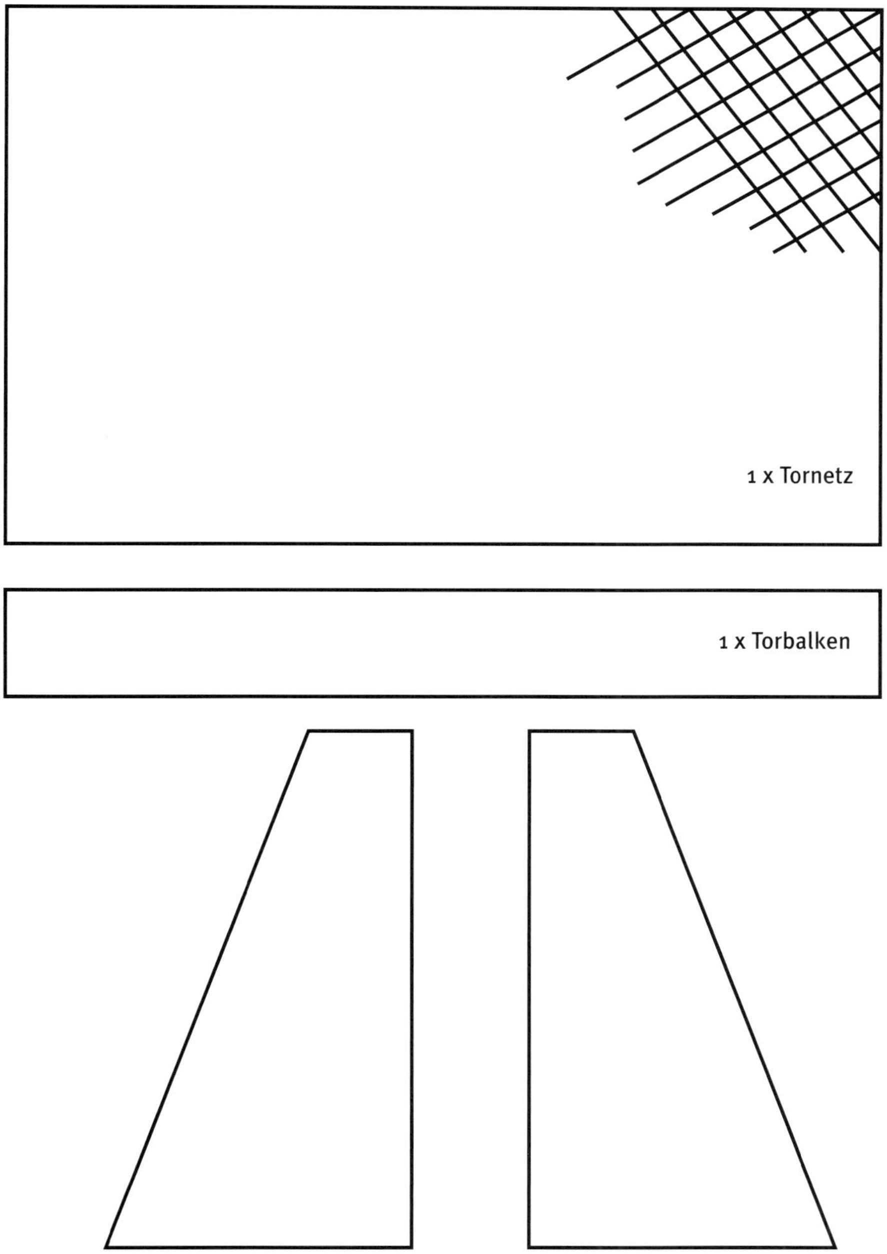

je 1 x Seitenteil

MUSTERVORLAGE „BLÜTENZAUBER“ (Maßstab 1:1)

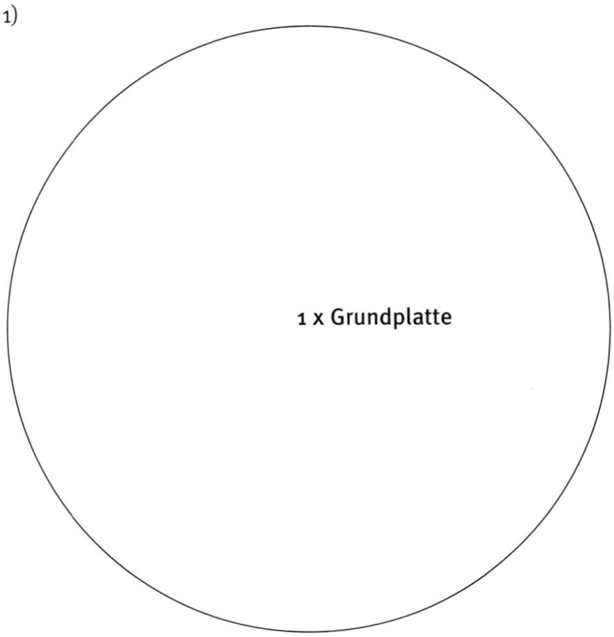

1 x Grundplatte

1 x Hochzeitstortenaufsatz

MUSTERVORLAGE „WINTERLICHE ROMANZE“ UND „WINTERABEND“ (Maßstab 1:1)

1 x Schneekristall

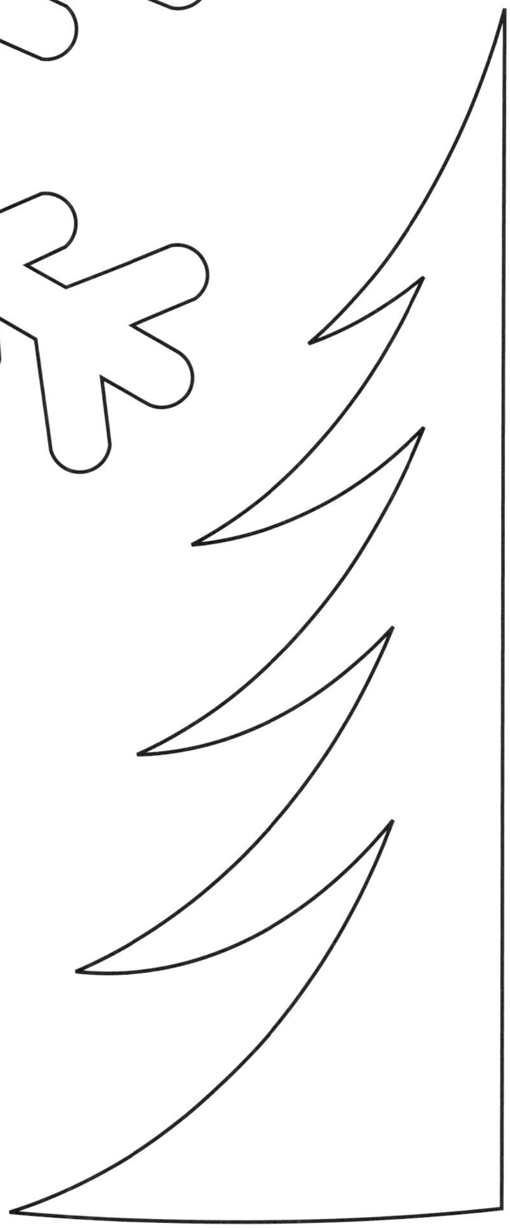

5 x Seitenteil Tannenbaum

MUSTERVORLAGE „WINTERLICHE ROMANZE“ (Maßstab 1:1)

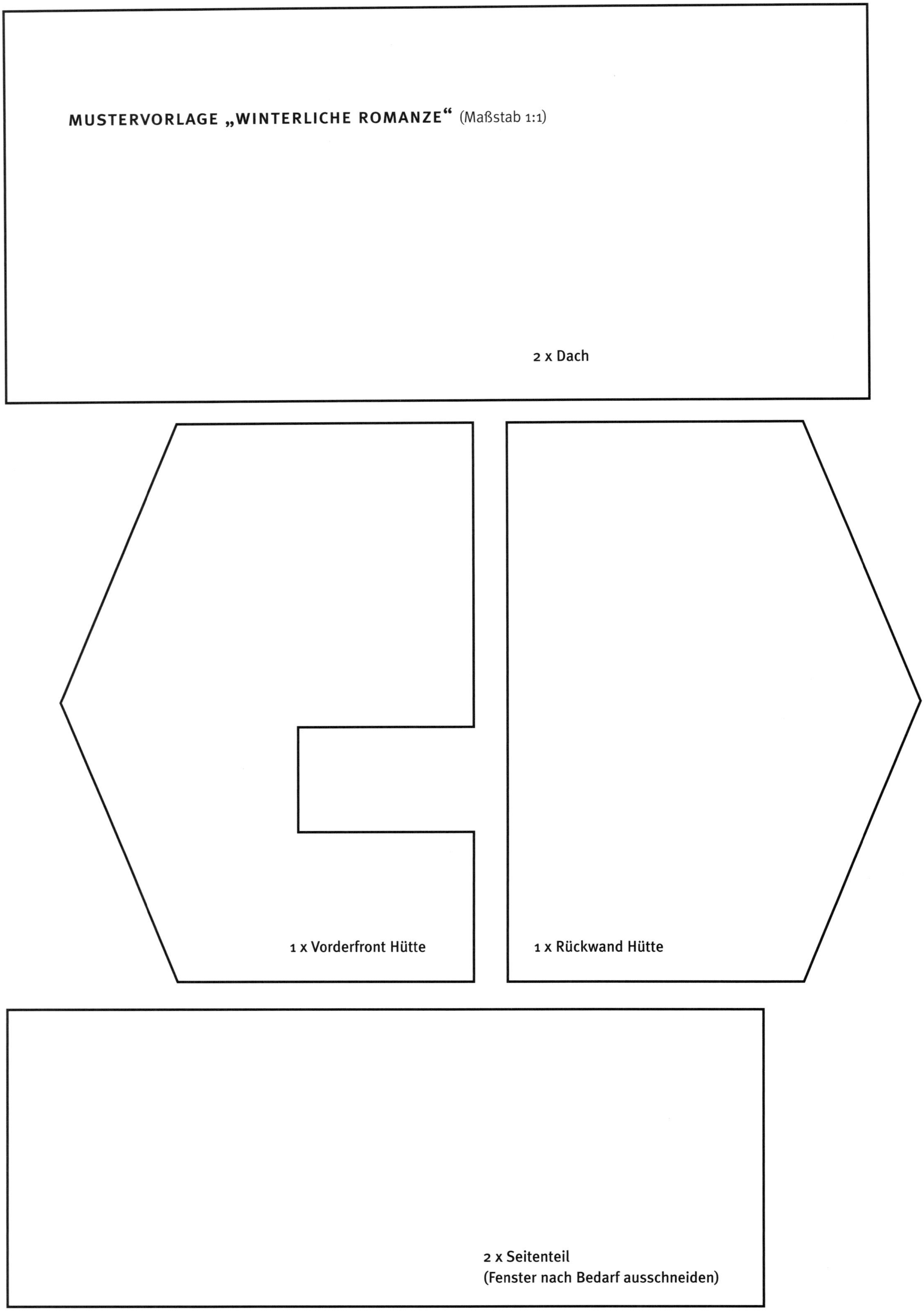

MUSTERVORLAGE „SABRINA“ (Maßstab 1:1)

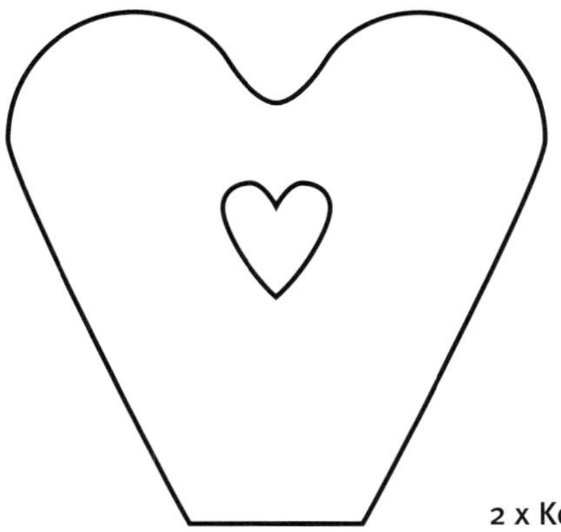

2 x Kopf-/Fußteil

1 x Grundplatte

2 x Seitenteil

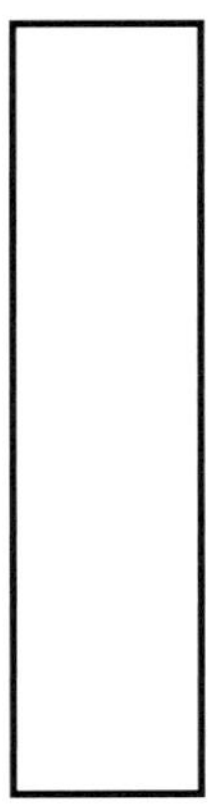

1 x Boden

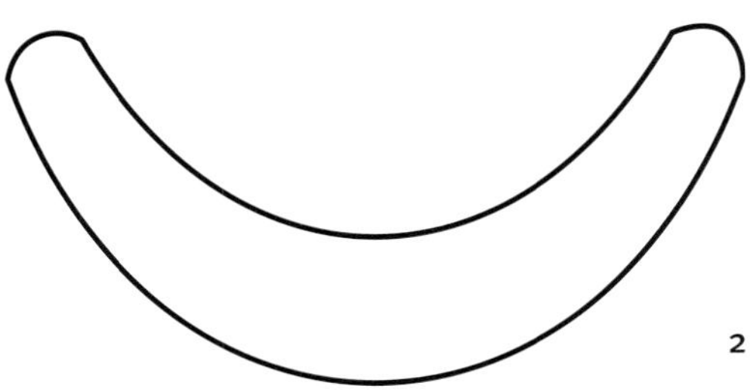

2 x Kufen

MUSTERVORLAGE „SÜSSE ZEITEN“ (Maßstab 1:1)

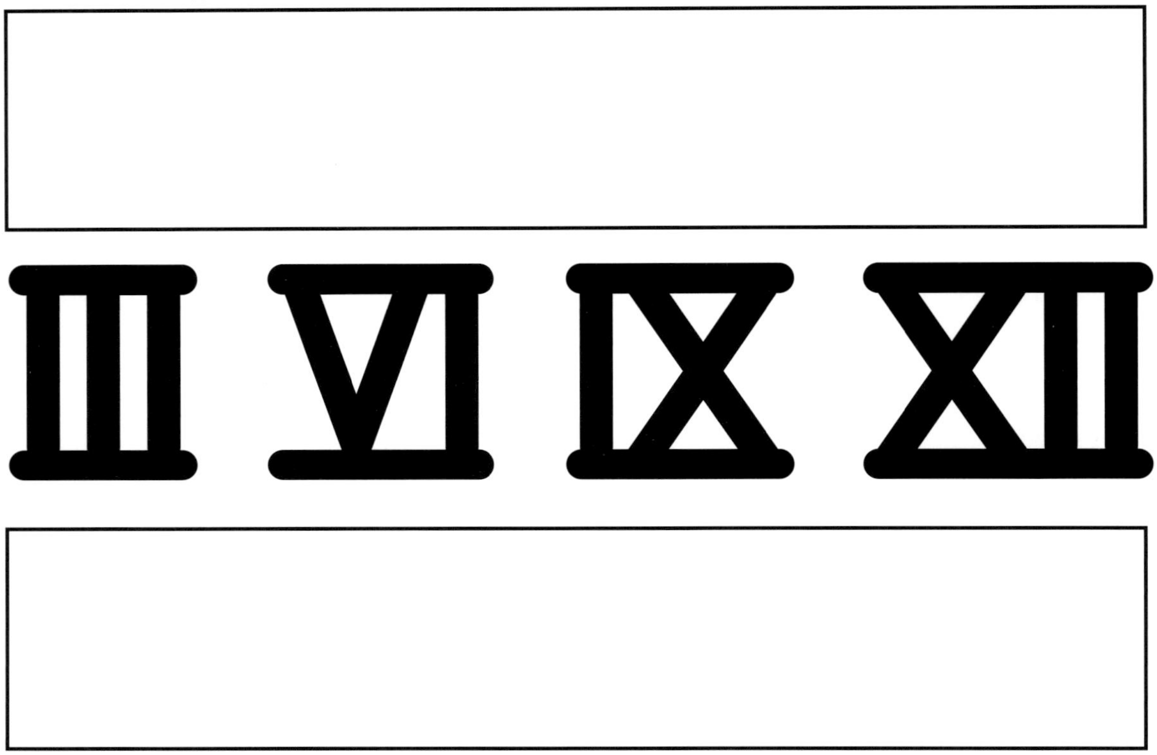

1 x Grundplatte Uhrbefestigung

1 x Minutenzeiger

1 x Stundenzeiger

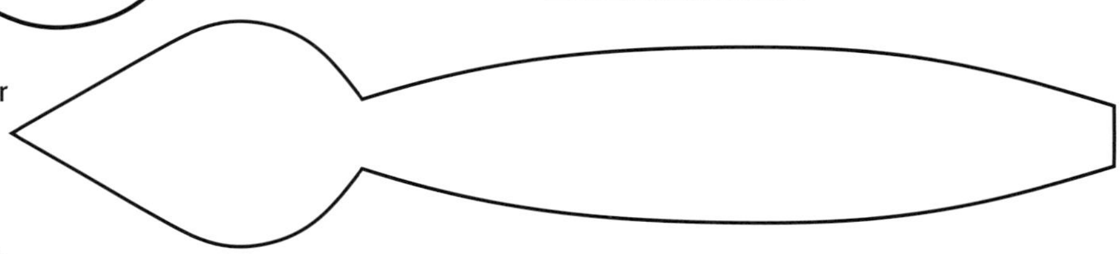

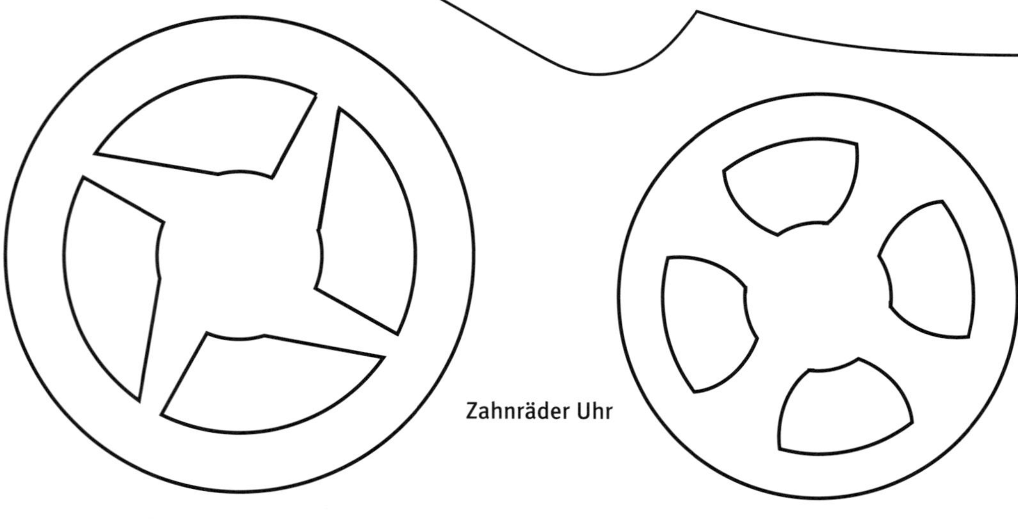

Zahnräder Uhr

MUSTERVORLAGE „RATHAUS SCHIFFERSTADT“ (Maßstab 1:1)

1 x Rückwand Marktstand als Markisenverstärkung

1 x Vorderteil

2 x Seitenteil

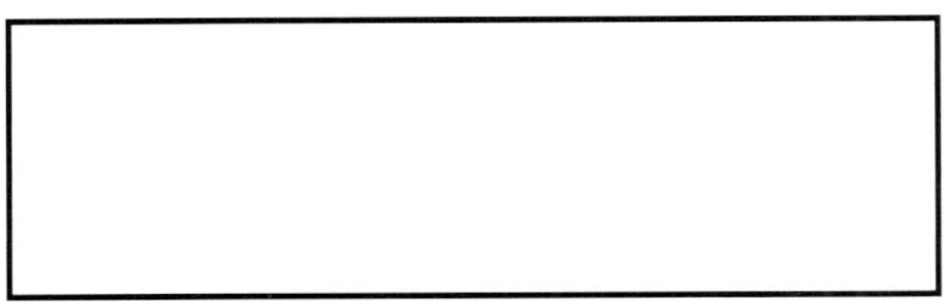

1 x Vorderteil

MUSTERVORLAGE „RATHAUS SCHIFFERSTADT“ (Maßstab 1:1,5)

MUSTERVORLAGE „GÄNSEMARSCH“ (Maßstab 1:1)

MUSTERVORLAGE „FORMEL 1“

MUSTERVORLAGE „SPRITZVORLAGEN FÜR TORTENRANDGARNITUREN“

MUSTERVORLAGE „SPRITZVORLAGEN FÜR TORTENRANDGARNITUREN“

Checklisten

Die auf den Seiten 283 bis 285 stehenden Checklisten sind ein wichtiges Hilfsmittel, mit der sich die Tortenbestellung, Fertigung und Abrechnung optimieren lässt.

Je nach der gewünschten Art der bestellten Torte kann die Checkliste mit dem versetzten Ständer oder dem übereinander platzierten Ständer verwendet werden.

Je nach gewünschter Größe können Torten von oben nach unten gestrichen werden. Besonderheiten im Dekor können direkt auf die entsprechende Torte eingezeichnet werden.

Die Checklisten mit dem Besteller gemeinsam ausfüllen, an einem zentralen Platz, nach Datum sortiert, aufhängen und als Basis für die Abrechnung verwenden.

Die Felder im Einzelnen:

- **ADRESSFELD**
  Neben der Privatadresse ist es sinnvoll, sich sämtliche Telefonnummern, unter der der Kunde erreichbar sein könnte, zu erfragen.

- **DATUM UND LIEFERUNG**
  Diesem Feld bitte besondere Beachtung schenken. Abzuklären ist, um welche Zeit die Torte geliefert werden soll, wer Ansprechpartner ist und ob geeignete Kühlmöglichkeiten, auch für große Torten, bereit stehen. (Bitte nicht im Fleischkühlhaus.)

- **LIEFERUNG/SELBSTABHOLER**
  Hier sollte schon bei der Bestellung abgeklärt werden, dass bei einer gewünschten Lieferung Kosten entstehen. Weisen Sie darauf hin, dass die Möglichkeit besteht, einen Kurierdienst zu beauftragen, und welcher Preis pro Kilometer etwa anfällt. Als preisgünstigere Alternative kann die Torte auch von Freunden des Brautpaars oder von Familienangehörigen am Hochzeitstag abgeholt werden.

- **FESTPREIS/PREISRAHMEN**
  Oftmals ist es besser, nur einen Preisrahmen zu vereinbaren, da der tatsächliche Aufwand bei Sonderwünschen nicht immer abgeschätzt werden kann.

- **GESCHMACKSRICHTUNG**
  Platz für besondere Kundenwünsche.

- **PERSONENZAHL/TORTENGRÖSSE**
  An Hand der Anzahl der erwarteten Gäste kann die Tortengröße überprüft werden.

- **DEKOR**
  Wünsche in Farbe, Form und Dekorationen können hier eingetragen werden.
  Oftmals werden Namen und Beschriftungen auf Torten gewünscht (z. B. Namen des Brautpaars).

- **FARBE UND BESONDERHEITEN**
  Farbe der Einschlagmasse, des Marzipans oder der Creme, Aufsätze oder spezielle Wünsche hier eintragen.

- **FARBE DER TISCHDEKORATION**
  Wenn eine Torte speziell zur Tischdekoration passen soll, bitte Farben eintragen oder Stoffmuster dazuheften.

- **MAXIMALE GRÖSSE**
  Falls bestimmte Vorstellungen bezüglich der Größe bestehen, hier eintragen.

- **CATERING**
  Falls ein Kunde über einen Cateringservice zu Ihnen gekommen ist, hier Vermerk über Name und vereinbarte Provision machen.

NAME: Claus Mustermann

TELEFON: 1002345 MOBIL: 0170-3452342

ADRESSE: Sonnenweg 1

Blumendorf

GESCHÄFTLICH: 2002345

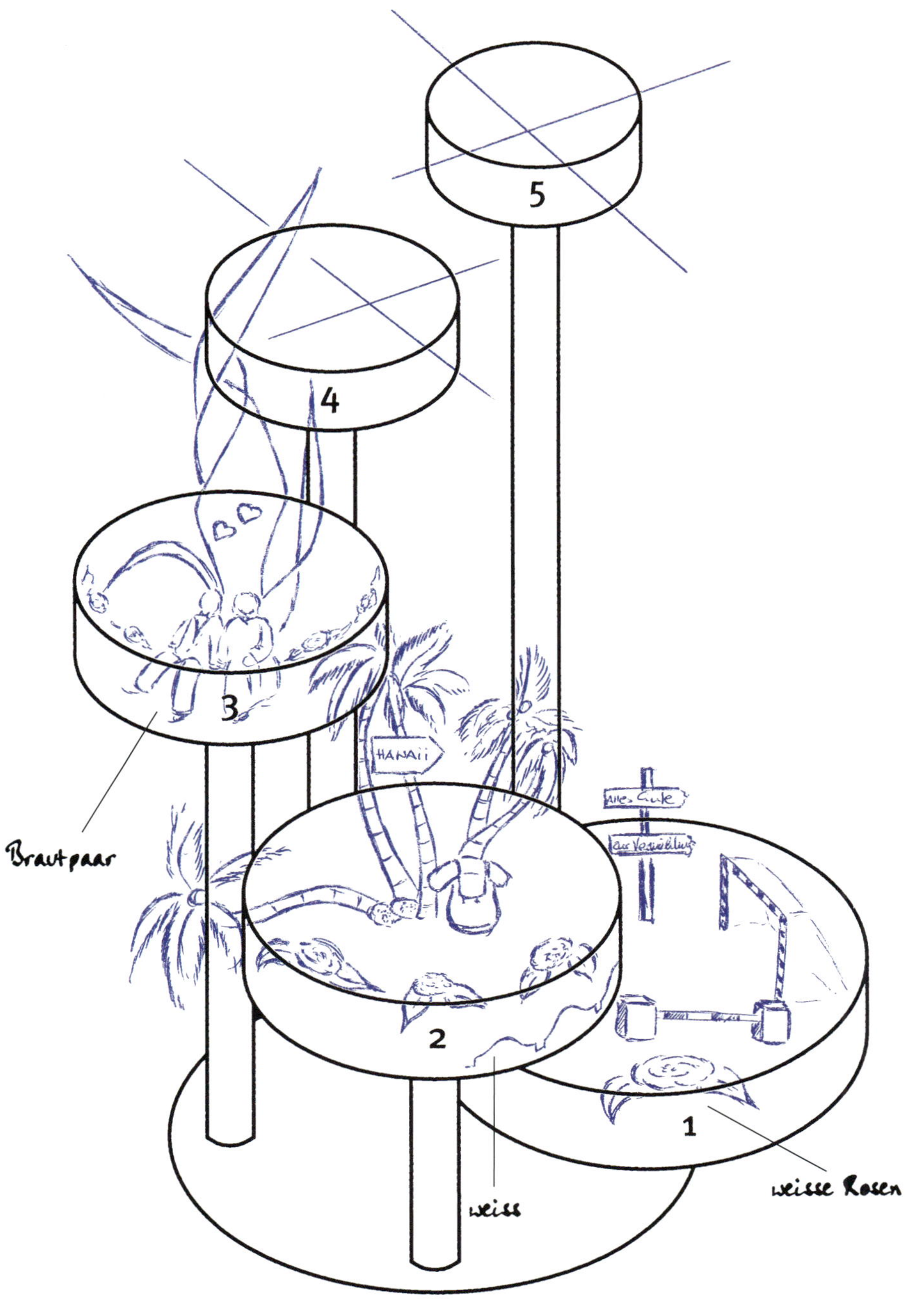

DATUM: 6.5.2000

ORT/HOTEL: Schifferstadt

3 Musketiere

UHRZEIT/LIEFERUNG: 15.00

KÜHLMÖGLICHKEIT:

vorhanden

LIEFERUNG/KM frei

PREIS KURIERDIENST /

SELBSTABHOLER nicht

FESTPREIS

PREISRAHMEN XXXX

GESCHMACKSRICHTUNG DER TORTEN

Nuss

Marzipanbiskuit/Schoko

Mandelbiskuit/Marzipan

NICHT GEWÜNSCHTE KOMPONENTEN/

ALKOHOL/ALLERGIE

PERSONENZAHL 30

GRÖSSE dreistöckig

DEKOR Palmen/stil. Brautpaar

Handballtor/Springreiten

FARBE UND BESONDERHEITEN

Apricot eingedeckt/weiss

MAXIMALE GRÖSSE

TÜREN/LADERAUM

CATERING

PROVISION

NAME:

TELEFON: MOBIL:

ADRESSE:

GESCHÄFTLICH:

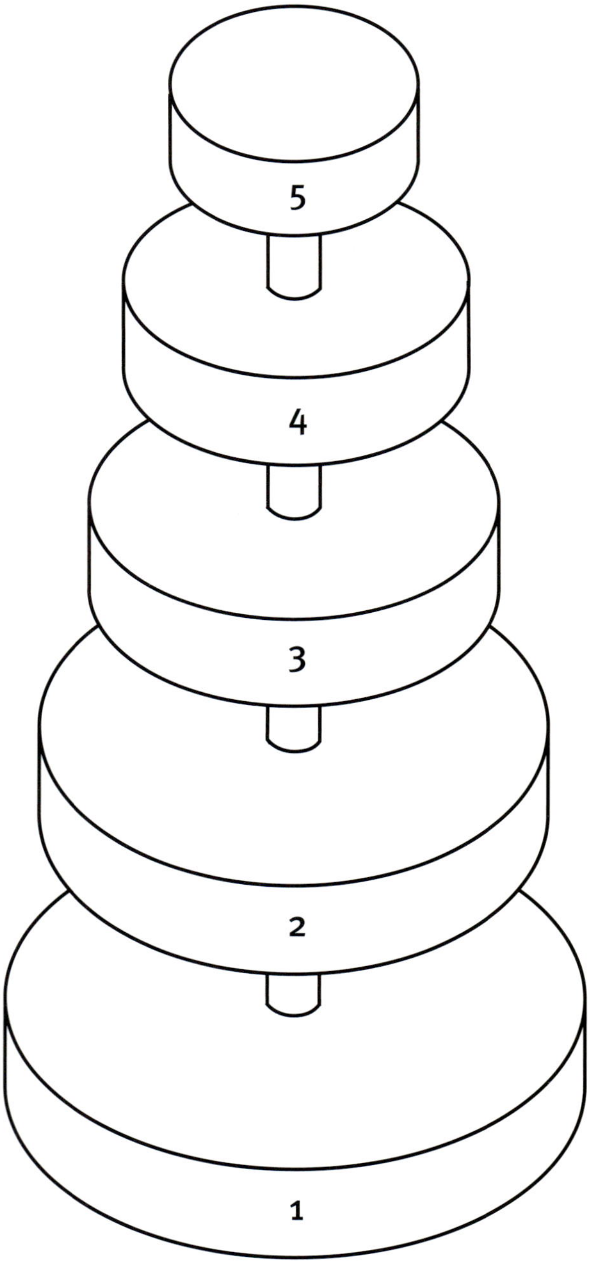

DATUM:

ORT/HOTEL:

UHRZEIT/LIEFERUNG:

KÜHLMÖGLICHKEIT:

LIEFERUNG/KM

PREIS KURIERDIENST

SELBSTABHOLER

FESTPREIS

PREISRAHMEN

GESCHMACKSRICHTUNG DER TORTEN

NICHT GEWÜNSCHTE KOMPONENTEN/
ALKOHOL/ALLERGIE

PERSONENZAHL

GRÖSSE

DEKOR

FARBE UND BESONDERHEITEN

MAXIMALE GRÖSSE

TÜREN/LADERAUM

CATERING

PROVISION

NAME:

TELEFON: MOBIL:

ADRESSE:

GESCHÄFTLICH:

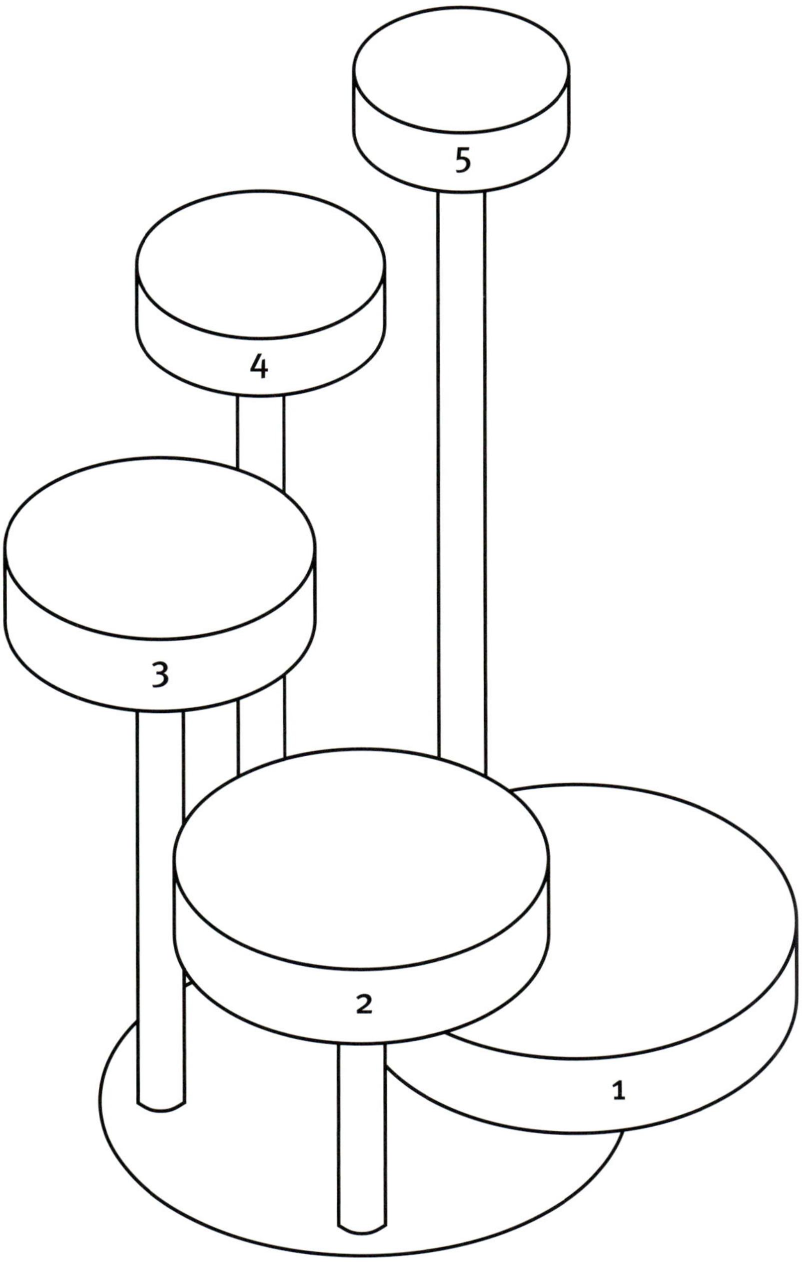

DATUM:

ORT/HOTEL:

UHRZEIT/LIEFERUNG:

KÜHLMÖGLICHKEIT:

LIEFERUNG/KM

PREIS KURIERDIENST

SELBSTABHOLER

FESTPREIS

PREISRAHMEN

GESCHMACKSRICHTUNG DER TORTEN

NICHT GEWÜNSCHTE KOMPONENTEN/
ALKOHOL/ALLERGIE

PERSONENZAHL

GRÖSSE

DEKOR

FARBE UND BESONDERHEITEN

MAXIMALE GRÖSSE

TÜREN/LADERAUM

CATERING

PROVISION

Dank

Sehr gerne danke ich den nachfolgenden Firmen für ihre engagierte und entgegenkommende Zusammenarbeit sowie für die Bereitstellung von Arbeitshilfen.

Drucker und Kuvertürefolien:
Weiss Decor GmbH
Wiedengasse 25
A-6840 Götzis

Edelstahltische:
Anneliese
Anneliese Mertens GmbH
Einrichtungen für Backbetriebe
Cäcilienstraße 10
52232 Eschweiler

Messer, Kessel, Paletten, Siebe:
Zintel Großkücheneinrichtungen
Bahnhofstraße 26
67059 Ludwigshafen

Bezugsquelle

Alle im Buch verwendeten Materialien, Formen, Werkzeuge und Ähnliches können bei Bedarf über den Autor bestellt werden:

Kreatives Backen
Heinz Kuhn
Postfach 12 32
D-67100 Schifferstadt
Telefon (0 62 35) 76 21
Telefax (0 62 35) 45 74 53
E-Mail: Kuhn-Schifferstadt@t-online.de
Homepage: www.kuhn-konditormeister.de

Der Autor

Heinz Kuhn, aufgewachsen in einer Bäckerei/Konditorei, hat seinen Beruf von der Pike auf gelernt.

Nach seiner Ausbildung zum Konditor folgten Gesellenjahre in angesehenen Konditoreien und Hotels. In dieser Zeit besuchte er Fachkurse zu Themen wie Karamellarbeiten, Zucker ziehen und Eisherstellung.

Die Meisterschule besuchte Heinz Kuhn in Wolfenbüttel. Im elterlichen Betrieb in Schifferstadt ist er seitdem für das Konditoreiangebot verantwortlich. Bei vielen nationalen und internationalen Wettbewerben wurden seine Arbeiten mit Preisen und Medaillen ausgezeichnet. Sein besonderes Anliegen liegt in der Aus- und Weiterbildung des Konditornachwuchses.

Seit 1994 hat er einen Lehrauftrag für Fachpraxis an der Berufsbildenden Schule in Neustadt an der Weinstraße und kümmert sich auch im Betrieb mit viel Engagement um die Förderung seiner Auszubildenden.

Impressum

ISBN 3-87516-293-5
2. Auflage

PROJEKTLEITUNG UND HERSTELLUNG:
Hans-Jürgen Fug-Möller
LEKTORAT:
Bruni Fetscher
COPY EDITING:
Hans-Peter Ritter
FOTOGRAFIE UND FOTOCOMPOSING:
Lattner Photographic Art, Bernhard J. Lattner, Heilbronn
LAYOUT UND SATZ:
Kommunikationsdesign, Regina Hildwein, Ludwigsburg

Gesamtherstellung: Matthaes Druck, Stuttgart
Printed in Germany